Gabriele Wahl-Merle

Lust auf Muffins

Südwest

Inhalt

Saftig-süße Muffins mit frischen Erdbeeren

Leicht und erfrischend: Muffins mit Kiwi und Kokos

Schmecken fast wie Lebkuchen: Weihnachtsmuffins

Gelungene Snack-Idee: Minimuffins mit Käse und Knoblauch

Klein, aber fein

»Backe, backe Kuchen, der Bäcker hat gerufen. Wer will guten Kuchen backen, der muss haben sieben Sachen: Eier und Schmalz, Butter und Salz, Milch und Mehl, Safran macht den Kuchen gel.« Dieser alte Reim gilt noch heute – selbstverständlich auch für Muffins.

Muffins, die kleinen und saftigen Kuchen, stammen ursprünglich aus England. Der Name »Muffin« wurde dort erstmals um 1850 genannt. Die feinen Gebäckstücke bestanden damals aus süßem Hefeteig und galten als das typisch englische Teegebäck schlechthin.
Im Zuge der Auswanderungswelle vieler Wagemutiger von Europa nach Amerika fanden auch die Muffins eine neue Heimat. Allerdings wurden sie statt aus Hefeteig nun aus Rührteig zubereitet. Warum, das weiß heute keiner mehr so genau.

Ein Renner in den USA

In Amerika bezeichnet man die Muffins heutzutage fast schon als Nationalgebäck. Sie sind dort ebenso beliebt wie Hamburger oder Hot Dogs. Täglich frisch gebacken, werden sie in den verschiedensten Variationen angeboten.

Für viele Gelegenheiten

Ob herzhaft oder süß, ob zum Frühstück, als Snack für zwischendurch oder als feines Gebäck zur Kaffeestunde – Muffins schmecken immer. Durch ihre handliche Größe sind sie zudem äußerst praktisch. Sie lassen sich auf Reisen, zum Wandern, beim Picknick oder ins Schwimmbad ebenso gut mitnehmen, wie sie als abwechslungsreiches Pausenbrot in den Schulen dienen. Bei Kindergeburtstagen sind sie, bunt dekoriert, willkommene Überraschungen, die zwischen einzelnen Spielrunden mit großem Appetit verzehrt werden.

Schnelles Gebäck

Ihre Beliebtheit verdanken Muffins vor allem ihrer einfachen und schnellen Zubereitung. Es empfiehlt sich, als Erstes alle Zutaten parat zu stellen, bevor das eigentliche Werkeln beginnt.

Auf Vorrat halten

Muffins kann man gut auf Vorrat backen, da sie sich ohne Probleme einfrieren lassen. Sie sind dann bis zu vier Monate haltbar. Zum Einfrieren die Muffins einfach nach dem Backen ganz abkühlen lassen, portionsweise in Gefrierbeutel luftdicht verpacken und in die Kühlvorrichtung legen. Zum Auftauen genügt es dann,

Bunte Dekorationsmittel aus Zucker und Schokolade sind ideal, um jeden Muffin unterschiedlich zu garnieren.

die Gebäckstücke aus der Kälte zu nehmen und im Backofen bei 180 °C etwa 15 Minuten aufzubacken. So ist immer frisches Gebäck im Haus, wenn überraschend Besuch kommt.

Für jeden Geschmack

Eine bunte Auswahl unterschiedlichster Muffinrezepte präsentiert das vorliegende Buch. Dabei kommen sowohl verschiedene Teigarten als auch mannigfaltige geschmacksgebende Zutaten zum Einsatz. Muffins lassen sich aus Rühr-, Hefe-, Quark-Öl-, Brand- oder Blätterteig herstellen, je nach Geschmack und verfügbarer Zeit. Für herzhafte Muffins können frische Kräuter, vielzählige Gemüsearten, Pilze, Oliven, Schinken, Salami und zahlreiche Käsesorten verwendet werden. Fruchtige Muffins vertragen alle Arten von Beeren sowie Äpfel, Aprikosen, Kirschen, Mandarinen und natürlich Rosinen. Schokolade, Haselnüsse und Mandeln sind beliebte Zutaten für die süßen Varianten. Und wer es exotisch liebt, verarbeitet z. B. Kokosnuss oder Ananas.

Abwechslung

Die Rezepte in diesem Buch sind liebevoll ausgesucht und mehrfach erprobt. Zutaten auswählen, miteinander kombinieren, Teige herstellen, Muffins backen, Dekorationen aufbringen und natürlich das Ausprobieren aller entstandenen Werke im Kreis von Familie, Arbeitskollegen, Freunden und Bekannten – alles mündet hier in eine Sammlung unvergleichlicher Ideen.
Lassen auch Sie sich einfangen von diesem Geschmackserlebnis. Anhand der detaillierten Arbeitsbeschreibungen mit den verlässlichen Mengen- und Zeitangaben ist das Backen von Muffins fast schon ein Kinderspiel.
Wenn Sie Lust haben, dann experimentieren Sie doch selbst einmal mit Ihren Lieblingszutaten. Der Kreativität und der Phantasie sollten keine Grenzen gesetzt werden.
Viel Spaß und Freude beim Selberbacken und Schlemmen!

Selbst Kinder finden Gefallen daran, Muffins zu backen, denn die Zubereitung ist leicht erlernt und das Ergebnis kommt schon nach kurzer Zeit duftend aus dem Backofen.

Zutaten und Backformen

Das Schöne an Muffins ist, dass die Grundzubereitung meist gleich ist und sich dennoch ein Rezept vom anderen gut unterscheidet. So klein die Gebäckstücke auch sind, so groß ist die Auswahl an möglichen Zutaten. Das fängt bei den Teigarten an und hört bei den Gewürzen auf.

Teigarten

Muffins aus Rührteig sind nicht nur schnell zubereitet, sie verlangen sogar nach einer schnellen Arbeitsweise, damit der Teig beim Backen nicht zäh wird.

Rührteig verlangt nach sehr schnellem Zubereiten und Backen von gleichtemperierten Zutaten. Dafür zunächst die Eier schaumig schlagen und mit Geschmacksgebern, Zucker und Fett verrühren. Mehl und Backpulver separat dazusieben und vorsichtig unter die flüssigen Zutaten heben. Bei den typisch amerikanischen Rezepten ist es wichtig, dass der Teig noch Klumpen aufweist. Diese puffen beim Backen auf und machen die Muffins schön locker. Wird der Teig zu lange gerührt, werden die Muffins zäh. Bei anderen Rührteigrezepten sollte der Teig wie gewohnt glatt und geschmeidig sein.

Vollkornrührteig ist recht gehaltvoll. Meist wird er aus Dinkel- oder Weizenvollkornmehl hergestellt. Aufgrund ihres hohen Gehalts an Klebereiweiß (Gluten) zeichnen sich diese Mehle durch hervorragende Backeigenschaften aus. Beim Backen mit Vollkornmehl sollte immer etwas mehr Flüssigkeit verwendet werden.

Hefeteig benötigt viel Zeit. Je öfter und je länger er geht, desto lockerer und luftiger wird er. Hefeteig muss an einem warmen Ort ohne Zugluft gehen können. Er besteht im Wesentlichen aus Mehl, Hefe und Flüssigkeit, wobei alle Zutaten Zimmertemperatur haben sollen.

Quark-Öl-Teig ist ein Knetteig, bei dem Quark mit Öl, Zucker und Gewürzen vermengt und zu einem geschmeidigen Teig verarbeitet wird. Er ist eine gute Alternative zum Hefeteig, da er ähnlich schmeckt, jedoch keine Gehzeit benötigt.

Brandteig liegt die wohl aufwändigste Zubereitungsmethode zugrunde. Hier wird das Mehl in heiße Flüssigkeit (Wasser/Milch) mit Butter gegeben und auf der Kochstelle so lange gerührt, bis sich der Teig als Kloß vom Topfboden löst. Erst dann kommen die Eier einzeln darunter.

Blätterteig erfordert Geschick, Zeit und Geduld bei der Zubereitung. Am besten ist es, Tiefkühlblätterteig im Handel zu kaufen; er ist von bester Qualität. Diesen nur kurz auftauen lassen und sofort verwenden.

Mehl & Backtriebmittel

Je nachdem, ob das ganze Korn mit Schale und Keimling oder nur der helle Mehlkörper vermahlen wird, gibt es dunkle und helle Mehle. Sie werden in Typen eingeteilt.
Vor dem Backen soll das Mehl gesiebt werden, damit Luft unter das Mehl kommt. Es lässt sich leichter verrühren, und das Gebäck wird lockerer. Die im Sieb verbleibende Kleie von Vollkornmehl wird einfach wieder zugegeben.

Weizenmehl Type 405 ist das gebräuchlichste Mehl zum Backen, denn es zeichnet sich durch beste Klebereigenschaften aus. Es wird nur aus dem stärkereichen Mehlkörper gewonnen und ist lange haltbar. Es wird auch als weißes Auszugsmehl bezeichnet. In diesem Buch heißt es schlicht Mehl.

Vollkornmehl besteht aus allen Teilen des Getreidekorns: dem stärkereichen Mehlkörper, der Schale und dem Keimling. Es enthält alle Vitamine, Mineral- und Eiweißstoffe sowie Fette, die das Korn bereithält, um gegebenenfalls einer neuen Pflanze zum Leben zu verhelfen. Je mehr Anteile der nährstoffreichen Schale ein Mehl enthält, desto dunkler ist es. Allerdings ist Vollkornmehl nicht lange haltbar. Am besten mahlt man das Getreide erst kurz vor Gebrauch.

Backpulver ist ein Gemisch mehrerer Stoffe, die während der Teigbereitung und des Backprozesses den Teig lockern. Es wird auch als Triebmittel bezeichnet. Einer seiner Komponenten, das Natron, bewirkt, dass beim Erwärmen des Teigs Kohlendioxid freigesetzt wird. Diese auch im Mineralwasser vorkommenden kleinen Gasbläschen lockern den Teig auf. Doch dazu wird eine Säure bzw. eine Substanz, die Säure abspaltet, benötigt. In herkömmlichem Backpulver ist dies ein Phosphattriebmittel, in Bio-Backpulver die Weinsäure.

Natron (Natriumhydrogenkarbonat, Backsoda) ist ein Bestandteil von Backpulver. Die original amerikanischen Muffinrezepte werden sowohl mit Backpulver als auch mit Natron gebacken. Wer kein Natron hat, verwendet einfach mehr Backpulver.

Weinstein wird als Rohweinstein aus Ablagerungen in Weinfässern gewonnen.
Er ist Bestandteil von Bio-Backpulver.

Eine praktische Hilfe ist ein Mehlsieb, mit dem man auch Backpulver gleichmäßig zerstäuben kann. Dadurch wird die Struktur des Gebäcks gleichmäßiger.

Bei den Zutaten für die Muffins sollten Sie keinesfalls sparen. Nur mit guter Butter, feinem Zucker und frischen Eiern werden die Muffins so, wie sie sein sollen: locker, saftig und einmalig im Geschmack.

Süßungsmittel

Rohzucker ist die Bezeichnung für noch nicht vollständig gereinigten Zucker. Er enthält noch geringe Mengen an Mineralstoffen, Aminosäuren und Vitaminen der B-Gruppe. In den üblichen Verzehrmengen können diese Vitalstoffe jedoch nicht zu unserer Nährstoffbedarfsdeckung beitragen.

Weißer Zucker wird bei uns meist aus Zuckerrüben gewonnen. Es ist Zucker in seiner reinsten Form. Seine weiße Farbe entsteht durch das Abtrennen aller Begleitstoffe.

Brauner Zucker wird entweder durch Karamellisierung aus weißem Zucker oder durch dessen Färben mit Melasse bzw. Rohrzuckersirup hergestellt.

Rohrzucker wird aus dem in tropischen Gebieten wachsenden Zuckerrohr isoliert. Seine Süßkraft ist dem aus Zuckerrüben gewonnenem Produkt gleich.

Honig ist ein Naturprodukt, das von Bienen erzeugt wird. Zum Backen sollte weicher oder flüssiger Honig verwendet werden. Am besten eignen sich geschmacksneutrale Sorten, denn ein zu intensiv schmeckender Honig kann den Geschmack eines ganzen Gebäckstücks dominieren.

Zum Ausfetten der Formen kann die Butter mit einem Pinsel gleichmäßig verteilt werden.

Obst und Gemüse

Bei frischem Obst und Gemüse sollte man darauf achten, ungespritzte Ware zu kaufen, um bedenkenlos die Schale mitessen zu können. Denn direkt unter der Schale sitzen die meisten Vitamine und Mineralstoffe.

Fette

Margarine wird fast ausschließlich aus pflanzlichen Ölen und Fetten hergestellt. Es gibt verschiedene Sorten, die sich in ihrer Fettsäurezusammensetzung unterscheiden. Zum Backen geeignete Margarinesorten sind mit einem entsprechenden Hinweis auf der Verpackung gekennzeichnet.

Butter ist ein rein tierisches Produkt. Sie wird aus dem Rahm (Sahne) der Milch gewonnen, indem das Fett so lange geschlagen, gestoßen und geknetet wird, bis die Buttermilch vollständig abgeschieden ist. Während Sauerrahmbutter durch den Zusatz von Milchsäurebakterien frisch schmeckt, zeichnet sich Süßrahmbutter durch einen milden, sahnigen Geschmack aus.

Öle gibt es in großer Auswahl. Zum Backen gut geeignet sind Sonnenblumen-, Raps- oder Maiskeimöl. Kaltgepresste, native Öle sind im kalten Zustand ernährungsphysiologisch hochwertig, doch durch das starke Erhitzen gehen ihre wertvollen ungesättigten Fettsäuren verloren.

Gewürze & Co.

Die feinen geschmacklichen Akzente verdanken die Muffins ohne Zweifel den verschiedenen Gewürzen und Aromaträgern. Zimt, Kardamom, Nelken, Kakao- und Kaffeepulver, Schokolade sowie Eierlikör oder Rum entfalten in süßen Muffins ihr Aroma. Bei herzhaften Exemplaren sorgen z. B. Ingwer, Chilies und Safran für die pikante Note.

Backformen

Muffinbackformen gibt es in verschiedenen Ausführungen und Größen in gut sortierten Haushaltswarengeschäften oder Kaufhäusern zu kaufen.
Die dem amerikanischen Original entsprechenden Backformen, z. B. der Firma Kaiser, sind mit einer quarzhaltigen, schwarzen Antihaftbeschichtung überzogen. Sie brauchen bei ölhaltigen Teigen nicht eingefettet zu werden. Bei anderen Teigen sollen die Backformen mit Butter oder Margarine eingefettet und in den Kühlschrank gestellt werden. So wird das Fett fest und verbindet sich während des Backvorgangs langsamer mit dem Teig; die Muffins erhalten dabei eine schöne Kruste und bleiben darunter schön weich, locker und frisch.
Die Antihaftbeschichtung ermöglicht es, die Muffins direkt in der Form zu backen. Aus Weißblech oder dunklem Blech bestehende Backformen haben keine Beschichtung. Für diese Formen gibt es Papierbackförmchen, die vor dem Einfüllen des Teigs in die Backbleche gesetzt werden. Ein Nachteil dabei ist, dass beim Lösen der Muffins die schöne Kruste am Papier hängen bleibt.

Formengrößen

Standardgröße: 12 Vertiefungen à 7,5 Zentimeter Durchmesser
Halbe Standardgröße: 6 Vertiefungen à 7,5 Zentimeter Durchmesser
Minigröße: 12 Vertiefungen à 4,5 Zentimeter Durchmesser

Wer keine spezielle Backform besitzt, kann Muffins auch einfach in Papierförmchen backen. Allerdings sollte man zwei Förmchen ineinander setzen, damit der rohe, weiche Teig guten Halt bekommt.

Wichtige Angaben zu den Rezepten

Die Zutaten der Rezepte in diesem Buch ergeben immer zwölf Muffins. Diese werden – bis auf die Minis – in Formen der Standardgröße (12 x 7,5 Zentimeter Durchmesser) gebacken. Die Muffinformen werden nicht gefettet, außer dies wird ausdrücklich erwähnt.

Klassiker aus Amerika

Fast an jeder Straßenecke in Amerikas Innenstädten kann man den Duft von frisch gebackenen Muffins erhaschen. Zum Standardangebot gehören Muffins mit Heidelbeeren, Rosinen, Bananen oder Haselnüssen, immer eingebettet in einen leicht feuchten Rührteig. Doch auch anderes Obst sowie Möhren, Zucchini oder gar Erdnüsse werden verarbeitet. Die Geschmacksrichtung ist dabei fast ausschließlich süß.

Tiefgefrorene Früchte nur kurz antauen lassen und sofort verarbeiten. So ziehen sie nicht so viel Feuchtigkeit. Entsprechend kann man auch frische Früchte ganz kurz ins Gefrierfach legen.

Gelingt leicht

Heidelbeer-Joghurt-Muffins

180 g Heidelbeeren
120 g Mehl, 120 g Vollkornmehl
1/2 TL Backpulver
1 TL Natron
1 Messerspitze gemahlener Zimt
30 g gemahlene Haselnüsse
1 Ei, 120 g Rohrzucker
60 ml neutrales Pflanzenöl
200 g Naturjoghurt

15 Minuten
25 Minuten Backzeit

1 Den Backofen auf 200 °C (Umluft 180 °C, Gas Stufe 3–4) vorheizen.

2 Heidelbeeren waschen und verlesen. Tiefgekühlte kurz antauen lassen. Mehl, Vollkornmehl, Backpulver und Natron sieben. Mit Zimt und Nüssen mischen.

3 Ei schaumig schlagen. Mit Zucker, Öl und Joghurt glatt rühren. Mehlmischung so unterheben, dass der Teig feucht ist und Klumpen hat. Die Heidelbeeren unterziehen.

4 Die Vertiefungen der Form zu 2/3 ihrer Höhe mit Teig füllen. Die Muffins 20 bis 25 Minuten backen.

Saftige Leckerbissen

Joghurt-Nuss-Muffins

180 g Mehl
1 1/2 TL Backpulver
50 g gemahlene Haselnüsse
50 g Schokoladenraspeln
3 Eier
125 g Butter oder Margarine
125 g Zucker
1/2 Päckchen Vanillezucker
150 g Naturjoghurt
Für die Form:
etwas Butter oder Margarine

10 Minuten
20 Minuten Backzeit

1 Muffinform ausfetten, kühl stellen. Backofen auf 200 °C (Umluft 180 °C, Gas Stufe 3–4) vorheizen.

2 Mehl und Backpulver in eine Schüssel sieben. Mit Nüssen und Schokoladenraspeln vermischen.

3 In einer zweiten Schüssel die Eier schaumig schlagen. Das Fett zerlassen und mit Zucker, Vanillezucker und Joghurt unter die Eimasse rühren. Die Mehlmischung so unterheben, dass der Teig noch Klumpen hat.

4 Die Vertiefungen der Form zu 2/3 ihrer Höhe mit Teig füllen. Die Muffins 15 bis 20 Minuten backen.

5 Die Form aus dem Backofen nehmen, 5 bis 10 Minuten abkühlen lassen. Die Muffins herausheben.

Gelingt leicht

Joghurtmuffins

1 Ei
90 g Zuckerrübensirup
1/2 Päckchen Vanillezucker
200 g Naturjoghurt
200 g Mehl
3/4 Päckchen Backpulver
Für die Form:
etwas Butter oder Margarine

10 Minuten
20 Minuten Backzeit

1 Die Muffinform ausfetten und in den Kühlschrank stellen. Den Backofen auf 200 °C (Umluft 180 °C, Gas Stufe 3–4,) vorheizen.

2 Das Ei mit den Quirlen des Handrührgeräts schaumig schlagen. Mit Zuckerrübensirup, Vanillezucker und Joghurt glatt rühren. Mehl und Backpulver darauf sieben und so unterrühren, dass der Teig feucht ist und Klumpen hat.

3 Die Vertiefungen der Form zur Hälfte mit Teig füllen. Die Muffins 15 bis 20 Minuten backen.

4 Die Form aus dem Backofen nehmen, 5 bis 10 Minuten abkühlen lassen. Die Muffins herausheben.

Das Paradebeispiel eines Muffins schlechthin – mit frischen Heidelbeeren.

Für die Kaffeerunde

Joghurt-Ananas-Muffins

Die Ananasmuffins können natürlich auch mit frischer Ananas zubereitet werden. Dazu eine Ananas schälen, 200 Gramm abwiegen und das Fruchtfleisch in kleine Stücke schneiden.

1 kleine Dose Ananasstücke
3 Eier
125 g Zucker
1/2 Päckchen Vanillezucker
3 EL neutrales Pflanzenöl
125 g Naturjoghurt
abgeriebene Schale von 1/2 unbehandelten Zitrone
150 g Mehl
1 1/2 TL Backpulver
150 g Puderzucker

10 Minuten
20 Minuten Backzeit

1 Den Backofen auf 200 °C (Umluft 180 °C, Gas Stufe 3–4) vorheizen.

2 Ananas abtropfen lassen, 2 Esslöffel Saft auffangen. 12 Stücke für die Garnitur beiseite stellen.

3 Eier schaumig schlagen. Zucker, Vanillezucker, Öl, Joghurt und Zitronenschale einrühren. Mehl und Backpulver auf die Eimasse sieben und so unterheben, dass der Teig feucht ist und Klumpen hat.

4 Die Vertiefungen der Form zu 2/3 ihrer Höhe mit Teig füllen. Ananasstücke darauf verteilen und leicht eindrücken. Die Muffins 15 bis 20 Minuten backen.

5 Die Form aus dem Backofen nehmen, 5 bis 10 Minuten abkühlen lassen. Die Muffins herausheben.

6 Den Puderzucker mit dem Ananassaft verrühren. Die Muffins damit bestreichen und mit je einem Stück Ananas garnieren.

Tipp der Bäckerin

Verrühren Sie den Puderzucker statt mit Ananassaft mit 2 Esslöffeln Batida de Coco, 1 Esslöffel Zitronensaft und 1 Esslöffel Kokosraspeln.

Ananas und Joghurt lassen sich auch beim Backen gut miteinander kombinieren.

Gelingt leicht

Schokoladenmuffins

2 Eier
150 g Rohrzucker
100 ml neutrales Pflanzenöl
3 EL Naturjoghurt
100 g Mehl
100 g Vollkornmehl
2 TL Backpulver
1/2 TL Natron
100 g Schokoladentropfen
Für die Garnitur:
200 g Vollmilchkuvertüre
50 g Schokoladenstreusel
Für die Form:
etwas Butter oder Margarine

20 Minuten
20 Minuten Backzeit

1 Muffinform ausfetten, kühl stellen. Backofen auf 200 °C (Umluft 180 °C, Gas Stufe 3–4) vorheizen.

2 Eier schaumig schlagen. Mit Zucker, Öl und Joghurt glatt rühren. Mehle, Backpulver und Natron sieben und mit der Schokolade so unter die Eimasse heben, dass der Teig feucht ist und Klumpen hat.

3 Die Vertiefungen der Form zu 2/3 ihrer Höhe mit Teig füllen. Die Muffins 15 bis 20 Minuten backen, 10 Minuten abkühlen lassen.

4 Die Kuvertüre im Wasserbad schmelzen. Die obere Hälfte der Muffins hineintauchen. Mit Schokoladenstreuseln bestreuen.

Wenn es schnell gehen soll

Vanillemuffins

1 Vanilleschote
3 Eier
150 g Zucker
100 ml Vanillelikör
6 EL neutrales Pflanzenöl
150 g Naturjoghurt
abgeriebene Schale von 1/2 unbehandelten Zitrone
180 g Mehl
1 1/2 TL Backpulver

10 Minuten
20 Minuten Backzeit

1 Den Backofen auf 200 °C (Umluft 180 °C, Gas Stufe 3–4,) vorheizen.

2 Die Vanilleschote der Länge nach halbieren und das Mark mit einem kleinen Löffel herauskratzen.

3 Eier und Zucker schaumig schlagen. Likör, Öl, Joghurt, Zitronenschale und Vanillemark einrühren. Mehl und Backpulver auf die Eimasse sieben und so unterheben, dass der Teig feucht ist und Klumpen hat.

4 Die Vertiefungen der Form zu 2/3 ihrer Höhe mit Teig füllen. Die Muffins 15 bis 20 Minuten backen.

Tipp der Bäckerin

Für die Vanillemuffins nach Belieben eine Glasur aus 100 Gramm Puderzucker und 1 Esslöffel Vanillelikör anrühren und die Muffins damit bestreichen.

Die eher unscheinbaren Vanilleschoten haben es in sich. Ihr Fruchtfleisch, das Vanillemark, verströmt ein unverwechselbares Aroma.

Für Sommertage

Erdbeermuffins

Tipp der Bäckerin

Servieren Sie frisch gebackene Erdbeermuffins mit einer Haube Schlagsahne – Sie werden begeistert sein.

- 180 g Erdbeeren
- 120 g Mehl
- 120 g Vollkornmehl
- 2 TL Backpulver
- 1/2 TL Natron
- 2 Messerspitzen gemahlener Zimt
- 30 g gemahlene Haselnüsse
- 1 Ei
- 120 g Rohrzucker
- 1/2 Päckchen Vanillezucker
- 60 ml neutrales Pflanzenöl
- 200 g Naturjoghurt

15 Minuten
25 Minuten Backzeit

Aromatische, süße Erdbeeren sind die Grundlage für dieses Rezept. Gut ausgereifte Früchte überzeugen durch ihr Aroma.

1 Den Backofen auf 200 °C (Umluft 180°C, Gas Stufe 3–4,) vorheizen.

2 Erdbeeren waschen, putzen und klein schneiden. Tiefgekühlte Früchte antauen lassen.

3 Mehl, Vollkornmehl, Backpulver und Natron sieben. Mit Zimt, Nüssen und Erdbeerstücken vermischen.

4 Das Ei in einer Schüssel schaumig schlagen. Mit Zucker, Vanillezucker, Öl und Joghurt glatt rühren. Die Mehlmischung so unter die Eimasse heben, dass der Teig feucht ist und Klumpen hat.

5 Die Vertiefungen der Form zu 2/3 ihrer Höhe mit Teig füllen. Die Muffins 20 bis 25 Minuten backen.

Für Herbsttage

Apfel-Haselnuss-Muffins

- 1 großer Apfel
- 120 g Mehl
- 120 g Vollkornmehl
- 2 TL Backpulver
- 1/2 TL Natron
- 2 TL gemahlener Zimt
- 80 g gemahlene Haselnüsse
- 1 Ei
- 120 g Rohrzucker
- 1 Päckchen Vanillezucker
- 80 ml neutrales Pflanzenöl
- 280 g Buttermilch

15 Minuten
25 Minuten Backzeit

1 Den Backofen auf 200 °C (Umluft 180 °C, Gas Stufe 3–4,) vorheizen.

2 Apfel waschen, Kerngehäuse entfernen und das Fruchtfleisch mit der Schale klein schneiden.

3 Mehle, Backpulver und Natron sieben. Mit Zimt, Haselnüssen und Apfelstücken vermischen.

4 Ei schaumig schlagen. Zucker, Vanillezucker, Öl und Buttermilch einrühren. Die Mehlmischung so unter die Eimasse heben, dass der Teig feucht ist und Klumpen hat.

5 Die Vertiefungen der Form zu 2/3 ihrer Höhe mit Teig füllen. Die Muffins 20 bis 25 Minuten backen. Die Form 10 Minuten abkühlen lassen. Muffins herausheben.

Zur Beerenzeit

Johannisbeermuffins

200 g Rote oder Schwarze Johannisbeeren
1 Ei
125 g brauner Rohrzucker
1/2 Päckchen Vanillezucker
1 Prise Salz
125 g Buttermilch
6 EL neutrales Pflanzenöl
250 g Mehl, 1 1/2 TL Backpulver
Für die Form:
etwas Butter oder Margarine

Säuerlich erfrischend schmecken Muffins, wenn sie mit Johannisbeeren zubereitet werden. Das Obst verträgt sich bestens mit süßem Rührteig.

15 Minuten
25 Minuten Backzeit

1 Muffinform ausfetten, kühl stellen. Backofen auf 200 °C (Umluft 180 °C, Gas Stufe 3–4,) vorheizen.

2 Die Beeren von den Rispen streifen, waschen und abtropfen lassen.

3 Das Ei schaumig schlagen. Mit Zucker, Vanillezucker, Salz, Buttermilch und Öl glatt rühren. Mehl und Backpulver darauf sieben und 2/3 der Beeren untermischen.

4 Die Vertiefungen zu 2/3 ihrer Höhe mit Teig füllen. Die restlichen Johannisbeeren darauf verteilen und leicht andrücken. Die Muffins 20 bis 25 Minuten backen.

Mit Schuss

Eierlikörmuffins

3 Eier
125 g Zucker
1/2 Päckchen Vanillezucker
100 ml neutrales Pflanzenöl
200 ml Eierlikör
125 g Mehl
1/2 Päckchen Backpulver
4 EL Speisestärke
Für die Form:
etwas Butter oder Margarine

10 Minuten
20 Minuten Backzeit

1 Muffinform ausfetten, kühl stellen. Backofen auf 200 °C (Umluft 180 °C, Gas Stufe 3–4,) vorheizen.

2 Eier schaumig schlagen. Mit Zucker, Vanillezucker, Öl und Likör glatt rühren. Mehl, Backpulver und Speisestärke darauf sieben und schnell unterheben.

3 Die Vertiefungen der Form zu 2/3 ihrer Höhe mit Teig füllen. Die Muffins 15 bis 20 Minuten backen.

Ungewöhnlich

Zucchinimuffins

- 1 kleine Zucchini
- 125 g Mehl
- 1 1/2 TL Backpulver
- 1/2 TL Natron
- 1 TL gemahlener Zimt
- 125 g gemahlene Nüsse, am besten Haselnüsse
- 2 Eier
- 125 g Rohrzucker
- 1 Päckchen Vanillezucker
- 1/8 l neutrales Pflanzenöl

15 Minuten
20 Minuten Backzeit

1 Backofen auf 200 °C (Umluft 180 °C, Gas Stufe 3–4,) vorheizen.

2 Die Zucchini waschen, putzen und mit der Schale fein raspeln. Mehl, Backpulver und Natron sieben. Mit Zimt, Zucchiniraspeln und Nüssen vermengen.

3 Eier schaumig schlagen. Mit Zucker, Vanillezucker und Öl glatt rühren. Mehlmischung so unter die Eimasse heben, dass der Teig feucht ist und Klumpen hat.

4 Die Vertiefungen der Form zu 2/3 ihrer Höhe mit Teig füllen. Die Muffins 15 bis 20 Minuten backen.

Johannisbeermuffins können mit roten oder schwarzen Beeren zubereitet werden.

Tipp der Bäckerin

Die Erdnuss-Möhren-Muffins können Sie delikat überziehen. Dafür 50 Gramm Frischkäse mit je 1 Esslöffel Puderzucker und Orangenlikör (Cointreau) aufschlagen und die Muffins damit bestreichen. Mit Streifen einer Orangenschale bestreuen.

Möhren im Kuchenteig kennt man von der Schweizer Rüblitorte – warum also nicht auch in Muffins?

Kernig

Erdnuss-Möhren-Muffins

- 2 mittelgroße Möhren
- etwas Zitronensaft zum Beträufeln
- 100 g geschälte Erdnüsse
- 125 g Mehl
- 1 1/2 TL Backpulver
- 2 Eier
- 100 g Zucker
- 3 EL kaltgepresstes Sojaöl
- 60 g Buttermilch
- 1 Messerspitze gemahlener Zimt
- 1 Messerspitze gemahlene Nelken
- frisch geriebene Muskatnuss

20 Minuten
25 Minuten Backzeit

1 Backofen auf 200 °C (Umluft 180 °C, Gas Stufe 3–4,) vorheizen.

2 Möhren putzen, waschen, raspeln und mit Zitronensaft beträufeln. Erdnüsse hacken. Mehl und Backpulver sieben. Möhren und Nüsse untermischen.

3 Eier schaumig schlagen. Mit Zucker, Öl und Buttermilch glatt rühren und würzen. Mehlmischung so unter die Eimasse heben, dass der Teig Klumpen hat.

4 Den Teig in die Form füllen und 20 bis 25 Mi nuten backen.

Raffiniert

Möhrenmuffins

- 2 mittelgroße Möhren
- 100 g Mehl
- 100 g Vollkornmehl
- 2 TL Backpulver
- 1/2 TL Natron
- 1 Messerspitze gemahlener Zimt
- 2 EL Haferflocken
- 50 g gemahlene Haselnüsse
- 1 Ei
- 100 g Rohrzucker
- 80 ml neutrales Pflanzenöl
- 120 g Buttermilch

15 Minuten
20 Minuten Backzeit

1 Backofen auf 200 °C (Umluft 180 °C, Gas Stufe 3–4) vorheizen.

2 Möhren waschen, putzen und fein raspeln. Mehl, Vollkornmehl Backpulver und Natron in eine Schüssel sieben. Mit Zimt, Haferflocken, Nüssen und Möhrenraspeln vermischen.

3 In einer zweiten Schüssel das Ei schaumig schlagen. Mit Zucker, Öl und Buttermilch glatt rühren. Die Mehlmischung so unterheben, dass der Teig feucht ist und Klumpen hat.

4 Die Vertiefungen der Form zu 2/3 ihrer Höhe mit Teig füllen. Die Muffins 15 bis 20 Minuten backen. Die Form aus dem Backofen nehmen, 5 bis 10 Minuten abkühlen lassen. Die Muffins herausheben.

Zum Frühstück

Sesam-Kürbiskern-Muffins

1 Ei
75 g Zucker
1 Prise Salz
150 g Buttermilch
80 ml neutrales Pflanzenöl
250 g Mehl
2 TL Backpulver
1 EL Sesam
1 EL Kürbiskerne
Für die Form:
etwas Butter oder Margarine

10 Minuten
20 Minuten Backzeit

1 Muffinform ausfetten, kühl stellen. Backofen auf 200 °C (Umluft 180 °C, Gas Stufe 3–4) vorheizen.

2 Das Ei schaumig schlagen, Zucker, Salz, Buttermilch und Öl einrühren.

3 Mehl und Backpulver auf die Eimasse sieben und so unterrühren, dass der Teig feucht und klumpig ist.

4 Die Form zu 2/3 ihrer Höhe mit Teig füllen. Je zur Hälfte mit Sesam und Kürbiskernen bestreuen.

5 Die Muffins 20 bis 25 Minuten backen, 3 bis 4 Minuten abkühlen lassen. Die Muffins herausheben.

Ob Sesam, Kürbiskerne, Mohn oder Leinsamen auf die Muffins gestreut werden, entscheidet der eigene Geschmack.

Muffins mit Obst

Saftiges Obst als geschmacklicher Kontrapunkt zu süßem Teig steht im Mittelpunkt der Rezepte dieses Kapitels. Ob Ananas, Kokosnuss oder Johannisbeeren – zahlreiche Arten lassen sich von dem dickflüssigen Teig einhüllen, bevor sie ihr Aroma im Backofen entfalten. Die Fruchtauswahl gestaltet sich einfach, da das Obst sowohl frisch als auch tiefgekühlt oder getrocknet sein, selbst eingemacht oder aus gekauften Konserven stammen kann.

Das weiße Fruchtfleisch der Kokosnuss ist eine beliebte Zutat für Gebäcke und Desserts. Frisch gerieben ist es am aromatischsten.

Tipp der Bäckerin

Bestreichen Sie die Kiwi-Kokos-Muffins mit etwas zerlassener Butter, und streuen Sie Kokosraspeln darüber. Die Muffins schmecken warm am besten.

Exotischer Genuss

Kokosnussmuffins

- 250 g Mehl
- 1 EL Backpulver
- 1 Messerspitze gemahlener Zimt
- 1 Messerspitze gemahlene Nelken
- 1 Prise Salz
- abgeriebene Schale von 1 unbehandelten Zitrone
- 150 g Kokosraspeln
- 1 Ei
- 100 g Zucker
- 3 EL neutrales Pflanzenöl
- 1/8 l Milch

Außerdem:

- Butter oder Margarine für die Form
- 150 g Puderzucker
- 2 EL Zitronensaft
- 30 g Kokosraspeln

15 Minuten
25 Minuten Backzeit

1 Muffinform ausfetten, kühl stellen. Backofen auf 200 °C (Umluft 180 °C, Gas Stufe 3–4) vorheizen.

2 Mehl und Backpulver sieben. Mit Zimt, Nelken, Salz, Zitronenschale und Kokosraspeln vermischen. Ei schaumig schlagen. Zucker, Öl und Milch einrühren. Mehlmischung unterheben. Die Vertiefungen der Form zu 2/3 ihrer Höhe mit Teig füllen. Muffins 20 bis 25 Minuten backen, 10 Minuten abkühlen lassen.

3 Puderzucker mit Zitronensaft mischen, Muffins damit überziehen. Mit Kokosraspeln bestreuen.

Fruchtig

Kiwi-Kokos-Muffins

- 2 feste Kiwis
- 120 g Mehl
- 120 g Vollkornmehl
- 2 TL Backpulver
- 1/2 TL Natron
- 1 Messerspitze gemahlener Zimt
- 60 g Kokosraspeln
- 1 Ei
- 120 g Rohrzucker
- 1 Päckchen Vanillezucker
- 80 ml neutrales Pflanzenöl
- 200 g Naturjoghurt

15 Minuten
25 Minuten Backzeit

1 Backofen auf 200 °C (Umluft 180 °C, Gas Stufe 3–4) vorheizen.

2 Kiwis schälen und klein schneiden. Mehle, Backpulver und Natron sieben. Mit Zimt, Kokosraspeln und Kiwistücken vermischen. Ei schaumig schlagen. Mit Zucker, Vanillezucker, Öl und Joghurt glatt rühren. Mehlmischung unterheben.

3 Die Vertiefungen der Form zu 2/3 ihrer Höhe mit Teig füllen. Muffins 20 bis 25 Minuten backen.

Schnell zubereitet

Zitronen-Joghurt-Muffins

3 Eier
150 g Rohrzucker
1/2 Päckchen Vanillezucker
6 EL neutrales Pflanzenöl
200 g Naturjoghurt
abgeriebene Schale von 1/2 unbehandelten Zitrone
180 g Mehl
1 1/2 TL Backpulver
Für die Form:
etwas Butter oder Margarine

10 Minuten
20 Minuten Backzeit

1 Muffinform ausfetten, kühl stellen. Backofen vorheizen auf 200 °C (Umluft 180 °C, Gas Stufe 3–4).

2 Die Eier schaumig schlagen. Mit Zucker, Vanillezucker, Öl, Joghurt und Zitronenschale verrühren. Mehl und Backpulver auf die Eimasse sieben und so unterheben, dass der Teig feucht ist und Klumpen hat.

3 Die Vertiefungen der Form zu 2/3 ihrer Höhe mit Teig füllen. Die Muffins 15 bis 20 Minuten backen.

4 Die Form aus dem Backofen nehmen, 5 bis 10 Minuten abkühlen lassen. Die Muffins herausheben.

Kiwi-Kokos-Muffins sind nicht nur farblich schön, sondern schmecken auch exotisch frisch.

Eine schöne Kruste bekommen die Muffins, wenn man die Form nach dem Ausfetten kurz in den Kühlschrank stellt, damit das Fett fest werden kann. Es verbindet sich während des Backvorgangs mit dem Teig zu einer Kruste.

Zum Schlemmen

Bananen-Haselnuss-Muffins

125 g Butter oder Margarine
125 g Zucker
1/2 Päckchen Vanillezucker
2 Eier
125 g Mehl
1 1/2 TL Backpulver
2 EL Kakao
30 g gehackte Haselnüsse
2 reife Bananen
2 cl Rum
Für die Garnitur:
50 g Zartbitterkuvertüre
100 g Sahne
12 Stück getrocknete Bananenscheiben
Für die Form:
etwas Butter oder Margarine

20 Minuten
20 Minuten Backzeit

1 Muffinform ausfetten, kühl stellen. Backofen auf 200 °C (Umluft 180 °C, Gas Stufe 3–4) vorheizen.

2 Butter oder Margarine, Zucker und Vanillezucker in einer Schüssel schaumig schlagen, nach und nach die Eier unterrühren.

3 Mehl, Backpulver und Kakao auf die Eimasse sieben und zusammen mit den Nüssen unterrühren.

4 Die Bananen schälen, mit einer Gabel zerdrücken und mit Rum verrühren. Unter den Teig heben.

5 Die Vertiefungen der Form zu 2/3 ihrer Höhe mit Teig füllen. Die Muffins 15 bis 20 Minuten backen.

6 Die Form aus dem Backofen nehmen, 5 bis 10 Minuten abkühlen lassen. Die Muffins herausheben.

7 Kuvertüre im heißen Wasserbad schmelzen. Die obere Hälfte der Muffins in die Schokolade tauchen, und die Muffins auf einem Kuchengitter auskühlen lassen.

8 Sahne steif schlagen. In einen Spritzbeutel füllen und Tupfer auf die Muffins spritzen. Mit je einer Bananenscheibe belegen.

Mit ihrem weichen Fruchtfleisch lassen sich Bananen problemlos verarbeiten. Einfach mit einer Gabel zerdrücken.

Raffiniert

Schoko-Bananen-Muffins

2 Eier
50 g weiche Butter oder Margarine
50 g Puderzucker
30 g Honig
6 EL Buttermilch
220 g Mehl
1/2 Päckchen Backpulver
1 Messerspitze gemahlener Zimt
1 reife Banane
50 g Schokoladenraspeln
Für die Glasur:
100 g Puderzucker
2 EL Rum
1 EL Kokosraspeln
Für die Form:
etwas Butter oder Margarine

15 Minuten
25 Minuten Backzeit

1 Die Muffinform ausfetten und in den Kühlschrank stellen. Den Backofen auf 200 °C (Umluft 180 °C, Gas Stufe 3–4) vorheizen.

2 Eier und Butter oder Margarine mit den Quirlen des Handrührgeräts schaumig schlagen. Puderzucker, Honig und Buttermilch einrühren.

3 Mehl und Backpulver auf die Eimasse sieben. Den Zimt darüber stauben und alles zusammen miteinander verrühren.

4 Banane schälen und mit einer Gabel zerdrücken. Mit den Schokoladenraspeln unter den Teig heben.

5 Die Vertiefungen der Form zu 2/3 ihrer Höhe mit Teig füllen. Die Muffins 20 bis 25 Minuten backen.

6 Die Form aus dem Backofen nehmen, 3 bis 4 Minuten abkühlen lassen. Die Muffins herausheben.

7 Den Puderzucker mit dem Rum in einer Tasse verrühren und die Muffins damit glasieren. Auf die noch feuchte Glasur die Kokosraspeln streuen.

Tipp der Bäckerin

Für einen Kindergeburtstag können Sie eine Zucker- oder Schokoladenglasur über die Muffins geben und diese mit bunten Smarties oder Gummibärchen verzieren. Sie können auch auf die dunkle Glasur zwei Smarties als Augen setzen und mit den weißen Kokosraspeln einen langen Bart aufstreuen. Darüber freuen sich kleine und große Kinder in der Adventszeit.

Wer Schokoladenraspeln selbst herstellen möchte, der sollte die Tafel vorher wenige Minuten in den Kühlschrank legen. Leicht erkaltet, lässt sie sich besser reiben.

Tipp der Bäckerin 

Wenn Sie statt der Mandarinen 200 Gramm Sauerkirschen verwenden und unter das Mehl noch 1 Prise Salz und 70 Gramm gemahlene Mandeln mischen, erhalten Sie Kirsch-Joghurt-Muffins.

Kurz ist die Zeit, in der es frische Himbeeren gibt. Da sie sich jedoch gut einfrieren lassen, muss man das restliche Jahr nicht auf sie verzichten.

Für Beerenliebhaber

Himbeermuffins

200 g Himbeeren
125 g Butter oder Margarine
1/2 Vanilleschote
1 Ei
125 g brauner Rohrzucker
1 Prise Salz
125 g Buttermilch
220 g Mehl
1 1/2 TL Backpulver

15 Minuten
25 Minuten Backzeit

1 Frische Himbeeren putzen, tiefgekühlte nur kurz antauen lassen.

2 Muffinform ausfetten, kühl stellen. Backofen auf 200 °C (Umluft 180 °C, Gas Stufe 3–4) vorheizen.

3 Butter oder Margarine zerlassen. Die Vanilleschote der Länge nach halbieren, das Mark herauskratzen.

4 Ei schaumig schlagen. Mit Butter oder Margarine, dem Vanillemark, Zucker, Salz und Buttermilch glatt rühren. Mehl und Backpulver darauf sieben und so unterheben, dass der Teig feucht ist und Klumpen hat.

5 Die Vertiefungen der Form zu 2/3 ihrer Höhe mit Teig füllen. Die Himbeeren darauf verteilen und leicht andrücken. Die Muffins 20 bis 25 Minuten backen.

Gelingt leicht

Mandarinen-Joghurt-Muffins

1 kleine Dose Mandarinen
3 Eier
180 g Butter oder Margarine
180 g Zucker
1/2 Päckchen Vanillezucker
125 g Naturjoghurt
180 g Mehl
1 1/2 TL Backpulver
Für die Form:
etwas Butter oder Margarine

10 Minuten
25 Minuten Backzeit

1 Die Mandarinen in einem Sieb abtropfen lassen.

2 Die Muffinform ausfetten, kühl stellen. Den Backofen auf 200 °C (Umluft 180 °C, Gas Stufe 3–4) vorheizen.

3 Eier schaumig schlagen. Mit Fett, Zucker, Vanillezucker und Joghurt glatt rühren. Mehl und Backpulver darauf sieben und unterheben.

4 Die Vertiefungen der Form zu 2/3 ihrer Höhe mit Teig füllen. Die Mandarinenstücke bis auf 12 Stück darauf verteilen, etwas andrücken.

5 Muffins 20 bis 25 Minuten backen, 10 Minuten abkühlen lassen. Die restlichen Mandarinen darauf verteilen und mit etwas Puderzucker bestauben.

Südländischer Genuss

Ananasmuffins

200 g Ananasstücke (aus der Dose)
120 g Mehl
100 g Weizenvollkornmehl
1 EL Backpulver
1 TL Natron
1 Prise Salz
30 g Kokosraspeln
1 Ei
90 g Rohrzucker
60 ml neutrales Pflanzenöl
200 g Naturjoghurt

15 Minuten
25 Minuten Backzeit

1 Backofen auf 200 °C (Umluft 180 °C, Gas Stufe 3–4) vorheizen.

2 Die Ananas abtropfen lassen. Mehle, Backpulver und Natron sieben. Mit Salz, Kokosraspeln und den Ananasstücken vermischen.

3 Ei schaumig schlagen. Mit Zucker, Öl und Joghurt glatt rühren. Mehlmischung so unterheben, dass der Teig feucht ist und Klumpen hat.

4 Die Vertiefungen der Form zu 2/3 ihrer Höhe mit Teig füllen. Je ein Ananasstück auflegen. Muffins 20 bis 25 Minuten backen. 10 Minuten in der Form auskühlen lassen.

Mit Mandarinen aus der Dose lassen sich diese Muffins schnell und einfach zubereiten.

Knackig-frisch

Kirsch-Mandel-Schoko-Muffins

Während der Kirschensaison sollten Sie diese Muffins unbedingt einmal mit frischen Kirschen (es können auch Süßkirschen sein) probieren!

1/2 Glas Sauerkirschen (200 g)
3 Eier
150 g Butter oder Margarine
150 g Zucker
1/2 Päckchen Vanillezucker
150 g Mehl
1 1/2 TL Backpulver
1 TL gemahlener Zimt
125 g gehackte Mandeln
100 g Schokoladenraspeln

Für die Glasur:
100 g Kuvertüre
40 g Butter oder Margarine

Für die Form:
etwas Butter oder Margarine

20 Minuten
25 Minuten Backzeit

1 Die Kirschen in einem Sieb abtropfen lassen, 12 Stück zum Garnieren beiseite legen.

2 Die Muffinform einfetten und in den Kühlschrank stellen. Den Backofen auf 200 °C (Umluft 180 °C, Gas Stufe 3–4,) vorheizen.

3 Die Eier mit einem Schneebesen schaumig schlagen. Mit Butter oder Margarine, Zucker und Vanillezucker glatt rühren.

4 Mehl, Backpulver und Zimt auf die Eimasse sieben und mit einem Holzlöffel so unterrühren, dass ein glatter Teig entsteht.

Mit einem Klecks frischer Schlagsahne erinnern diese Muffins an Schwarzwälder Kirschtorte.

5 Mandeln, Schokoladenraspeln und Kirschen miteinander vermischen und unter den Teig heben.

6 Die Vertiefungen der Form zu 2/3 ihrer Höhe mit Teig füllen. Die Muffins 20 bis 25 Minuten backen.

7 Die Form aus dem Backofen nehmen, 5 bis 10 Minuten abkühlen lassen. Die Muffins herausheben.

8 Kuvertüre und Fett im Wasserbad schmelzen. Die obere Hälfte der Muffins in die Glasur tauchen. Je eine Kirsche auf die Muffins setzen.

Tipp der Bäckerin

Lassen Sie Obst aus dem Glas oder aus der Dose immer gut abtropfen, dann wird der Teig nicht zu flüssig. Gegebenenfalls kann man das Obst auch noch mit Küchenpapier abtupfen.

Die angegebenen Obstsorten können je nach saisonalem Angebot und persönlicher Vorliebe durch andere Früchte ersetzt werden.

Süß und saftig

Schoko-Orangen-Muffins

80 g Rosinen
Saft und abgeriebene Schale von 1/2 unbehandelten Orange
3 Eier
50 g Rohrzucker
125 g Butter oder Margarine
80 g Schokoladensirup
1 Prise Salz
100 g Mehl
50 g Speisestärke
1 1/2 TL Backpulver
1 EL gehackte Mandeln
50 g Kokosraspeln
Für die Glasur:
100 g Puderzucker
2 EL Schokoladensirup
1 EL Mandelsplitter
Für die Form:
etwas Butter oder Margarine

20 Minuten
20 Minuten Backzeit

1 Muffinform ausfetten, kühl stellen. Backofen auf 200 °C (Umluft 180 °C, Gas Stufe 3–4) vorheizen.

2 Die Rosinen in dem Orangensaft einweichen.

3 Eier schaumig schlagen. Zucker, Butter oder Margarine, Schokoladensirup, Orangenschale und Salz einrühren.

4 Mehl, Speisestärke und Backpulver sieben. Mit Rosinen, Mandeln und Kokosraspeln vermischen. So unter die Eimasse rühren, dass ein glatter Teig entsteht.

5 Die Vertiefungen der Form zu 2/3 ihrer Höhe mit Teig füllen. Die Muffins 15 bis 20 Minuten backen.

6 Die Form aus dem Backofen nehmen, 5 bis 10 Minuten abkühlen lassen. Die Muffins herausheben.

7 Für die Glasur in einer Tasse den Puderzucker mit dem Schokoladensirup verrühren und damit die Muffins bestreichen. Mit Mandelsplittern bestreuen.

Gelingt leicht

Aprikosenmuffins

1 kleine Dose Aprikosen
125 g Butter oder Margarine
100 g Zucker
1/2 Päckchen Vanillezucker
1 Prise Salz
2 Eier
abgeriebene Schale von 1/2 unbehandelten Zitrone
150 g Mehl
1 1/2 TL Backpulver
30 g Speisestärke
Für die Glasur:
100 g Puderzucker
2 EL Aprikosensaft
Für die Form:
etwas Butter oder Margarine

15 Minuten
20 Minuten Backzeit

1 Aprikosen gut abtropfen lassen, den Saft auffangen.

2 Die Muffinform ausfetten und in den Kühlschrank stellen. Backofen auf 200 °C (Umluft 180 °C, Gas Stufe 3–4) vorheizen.

3 Butter oder Margarine, Zucker, Vanillezucker und Salz in einer Schüssel cremig schlagen. Nach und nach die Eier unterrühren. Die Zitronenschale unterheben.

4 Mehl, Backpulver und Speisestärke zusammen sieben. Die Mischung so unter die Eimasse rühren, dass ein glatter Teig entsteht.

5 Die Vertiefungen der Form zu 2/3 ihrer Höhe mit Teig füllen. Den Teig glatt streichen und je eine Aprikosenhälfte darauf setzen.

6 Die Muffins 15 bis 20 Minuten backen. Die Form aus dem Backofen nehmen, 5 bis 10 Minuten abkühlen lassen. Die Muffins herausheben.

7 Den Puderzucker mit dem Aprikosensaft verrühren und die Muffins damit bestreichen.

Tipp der Bäckerin

Sollten Sie Aprikosen übrig haben, dann pürieren Sie sie und vermischen das Mus mit steifgeschlagener Sahne. Das schmeckt köstlich zu den noch warmen Muffins!

Raffiniert

Zitronen-Mandel-Muffins

2 Eier
125 g Butter oder Margarine
100 g Zucker
1/2 Päckchen Vanillezucker
abgeriebene Schale von
1/2 unbehandelten Zitrone
100 g Mehl
1 TL Backpulver
70 g Speisestärke
30 g gemahlene Mandeln
Für die Glasur:
150 g Puderzucker
3 EL Zitronensaft
Für die Form:
etwas Butter oder Margarine

15 Minuten
20 Minuten Backzeit

1 Muffinform ausfetten, kühl stellen. Backofen auf 200 °C (Umluft 180 °C, Gas Stufe 3–4) vorheizen.

2 Eier schaumig schlagen. Mit Fett, Zucker, Vanillezucker und Zitronenschale glatt rühren. Mehl, Backpulver und Speisestärke sieben, mit den Mandeln vermischen. Unter die Eimasse zu einem glatten Teig rühren.

3 Die Vertiefungen der Form zu 2/3 ihrer Höhe mit Teig füllen. Muffins 20 Minuten backen, leicht auskühlen lassen. Puderzucker mit Saft verrühren, aufstreichen.

Tipp der Bäckerin

Sollen die Zitronen-Mandel-Muffins etwas gehaltvoller werden, kann man auch einen Teil des Mehls durch gemahlene Mandeln ersetzen.

Beim Kauf von Zitronen und Orangen darauf achten, dass die Früchte ungespritzt sind, um deren Schale unbedenklich verzehren zu können.

Aus aller Welt

Überall, wo Englisch gesprochen wird, gibt es Muffinrezepte. Es ist zwecklos, sie nach Abstammung und Herkunft einordnen zu wollen. Für jeden Anlass und für jede Jahreszeit scheint es ein Rezept zu geben. Zur Not wird schnell mal ein Neues geschaffen, denn der Kreativität sind keine Grenzen gesetzt. Das trifft auch auf den Teig zu. Muffins aus Hefe-, Blätter- oder gar Brandteig erweitern die Möglichkeit, mit Zutaten und Geschmacksrichtungen zu experimentieren.

Tipp der Bäckerin

Sie können dieses Rezept auch ohne Apfel und ohne Mandeln zubereiten. Das Ergebnis sind reine Marzipanmuffins. Allerdings muss die Mehlmenge auf 200 Gramm erhöht werden. Durch eine Glasur aus 150 Gramm Puderzucker mit 3 Esslöffeln Johannisbeersaft erhalten die Muffins eine kräftige rosa Farbe.

Auf Vorrat zu backen

Apfel-Marzipan-Muffins

1 kleiner Apfel
150 g Mehl
1 1/2 TL Backpulver
50 g gehackte Mandeln
2 Eier
120 g Zucker
1/2 Päckchen Vanillezucker
120 g Butter oder Margarine
6 EL Milch
1 Prise Salz
100 g Marzipanrohmasse
Für die Form:
etwas Butter oder Margarine

15 Minuten
20 Minuten Backzeit

1 Muffinform ausfetten, kühl stellen. Backofen auf 200 °C (Umluft 180 °C, Gas Stufe 3–4) vorheizen.

2 Apfel waschen, schälen, entkernen, das Fruchtfleisch klein schneiden. Mehl und Backpulver sieben. Mit Mandeln und Apfelstücken vermischen. Eier schaumig schlagen. Mit Zucker, Vanillezucker, Fett, Milch und Salz glatt rühren. Marzipanrohmasse zerbröckeln und unterrühren. Mehlmischung unterheben.

3 Teig in die Form füllen. Die Muffins 15 bis 20 Minuten backen.

Quark-Öl-Teig

Mandel-Rosinen-Muffins

120 g Quark (Magerstufe)
4 EL Milch
1 Ei
6 EL neutrales Pflanzenöl
60 g Zucker
1/2 Päckchen Vanillezucker
1 Prise Salz
225 g Mehl
1 Päckchen Backpulver
50 g Korinthen
50 g Rosinen
50 g gehackte Mandeln
1 Eigelb
1 EL Milch

15 Minuten
20 Minuten Backzeit

1 Backofen auf 200 °C (Umluft 180 °C, Gas Stufe 3–4) vorheizen.

2 Quark auspressen, durch ein Sieb streichen. Mit Milch, Ei, Öl, Zucker, Vanillezucker und Salz glatt rühren.

3 Mehl und Backpulver sieben, zur Hälfte unter die Quarkmasse rühren. Die andere Hälfte mit Korinthen, Rosinen und Mandeln vermischen und unter den Teig kneten.

4 12 Teigkugeln formen und in die Vertiefungen der Form setzen. Das Eigelb mit der Milch verrühren und über die Muffins verstreichen.

5 Die Muffins 15 bis 20 Minuten backen, auskühlen lassen.

Englisches Frühstück

Polentamuffins

1/4 l Milch
1 Prise Salz
180 g Polenta (Maisgrieß)
65 g Butter oder Margarine
1 Ei
65 g Zucker
80 g Mehl
20 g Speisestärke
2 TL Backpulver
Für die Form:
etwas Butter oder Margarine

30 Minuten
25 Minuten Backzeit

1 Muffinform ausfetten, kühl stellen. Backofen auf 200 °C (Umluft 180 °C, Gas Stufe 3–4) vorheizen.

2 Die Milch mit Salz aufkochen, den Topf von der Kochstelle nehmen, den Grieß einrühren und etwa 15 Minuten quellen lassen.

3 Fett, Ei und Zucker cremig rühren. Mehl, Speisestärke und Backpulver darüber sieben und so einarbeiten, dass ein glatter Teig entsteht. Polenta unterheben.

4 Die Vertiefungen der Form zu 2/3 ihrer Höhe mit Teig füllen. Die Muffins 20 bis 25 Minuten backen.

Apfel-Marzipan-Muffins schmecken so richtig weihnachtlich. Sie vertragen auch eine Prise gemahlenen Zimt.

Für Kindergeburtstage

Schwarzweißmuffins

Der für die Schwarzweißmuffins verwendete Rührteig wird besonders locker und feinporig, wenn alle Teigzutaten Zimmertemperatur haben.

2 Eier
6 EL Milch
125 g Butter oder Margarine
125 g Zucker
1/2 Päckchen Vanillezucker
1 TL Rum
250 g Mehl
1/2 Päckchen Backpulver
1 Prise Salz

Für die Kakaoschicht:
4 EL Kakao
2 EL Milch
2 EL Zucker

Für die Garnitur:
75 g Zartbitterkuvertüre
25 g weiße Kuvertüre

Für die Form:
etwas Butter oder Margarine

30 Minuten
20 Minuten Backzeit

Dem Marmorkuchen nachempfunden, treffen hier ein durch Kakaopulver dunkel gefärbter und ein heller Teig zusammen.

1 Die Muffinform ausfetten und in den Kühlschrank stellen. Den Backofen auf 200 °C (Umluft 180 °C, Gas Stufe 3–4) vorheizen.

2 Die Eier mit den Quirlen des Handrührgeräts schaumig schlagen. Milch, Butter oder Margarine, Zucker, Vanillezucker und Rum in die Eimasse rühren.

3 Mehl, Backpulver und Salz auf die Eimasse sieben und alles zu einem glatten Teig verrühren.

4 Kakao, Milch und Zucker verrühren und 1/3 des hellen Teigs damit dunkel färben.

5 In die Vertiefungen der Form je 1/2 Esslöffel hellen Teig füllen, 1/2 Esslöffel dunklen Teig darüber geben und mit einem 1/2 Esslöffel hellen Teig abdecken.

6 Die Muffins 15 bis 20 Minuten backen. Die Form aus dem Backofen nehmen, 5 bis 10 Minuten abkühlen lassen. Die Muffins herausheben.

7 Kuvertüren getrennt voneinander über dem Wasserbad schmelzen. Die Muffins zuerst mit der Zartbitterkuvertüre überziehen und etwas antrocknen lassen. Anschließend mit einem Esslöffel die weiße Kuvertüre in dünnen Fäden darüber ziehen.

Tipp der Bäckerin

Wenn Sie ein marmoriertes Muster in den Muffins erhalten wollen, dann ziehen Sie ein Holzstäbchen spiralförmig durch jede einzelne Teigportion in der Muffinform.

Tipp der Bäckerin

Falls es einmal schnell gehen soll, können Sie Citro-Back bzw. Orange-Back verwenden. Dies sind Handelsprodukte mit gebrauchsfertiger Zitronen- bzw. Orangenschale.

Cornflakes, die gerösteten Maisflocken, und Apfelstücke sind Bestandteile vieler Müslimischungen.

Gelingt leicht

Cornflakesmuffins

2 mittelgroße Möhren
125 g Mehl, 1 1/2 TL Backpulver
80 g Mandelstifte
2 Eier
125 g Zucker
abgeriebene Schale von
1/2 unbehandelten Orange
Für die Garnitur:
2 EL Aprikosenkonfitüre
1 EL Orangensaft
50 g Cornflakes
Für die Form:
etwas Butter oder Margarine

20 Minuten
20 Minuten Backzeit

1 Muffinform ausfetten, kühl stellen. Backofen auf 200 °C (Umluft 180 °C, Gas Stufe 3–4) vorheizen.

2 Möhren putzen und fein raspeln. Mehl und Backpulver sieben, mit Mandeln und Möhren mischen.

3 Eier schaumig schlagen, Zucker und Orangenschale einrühren. Die Mehlmischung unterheben.

4 Die Vertiefungen der Form zu 2/3 ihrer Höhe mit Teig füllen. Die Muffins 15 bis 20 Minuten backen, 3 bis 4 Minuten abkühlen lassen.

5 Konfitüre und Saft erwärmen, die Muffins damit bestreichen und mit den Cornflakes bestreuen.

Kernig

Müslimuffins

2 Eier
30 g Butter oder Margarine
100 g Rohrzucker
150 g Naturjoghurt
100 g Mehl
1 1/2 TL Backpulver
200 g ungesüßtes Müsli oder
kernige Haferflocken
etwas Aprikosenkonfitüre
Für die Form:
etwas Butter oder Margarine

15 Minuten
20 Minuten Backzeit

1 Die Muffinform ausfetten, kühl stellen. Den Backofen auf 200 °C (Umluft 180 °C, Gas Stufe 3–4) vorheizen.

2 Eier schaumig schlagen. Butter oder Margarine schmelzen und mit Zucker und Joghurt unterrühren.

3 Mehl und Backpulver sieben, mit Müsli oder Haferflocken (3 Esslöffel beiseite stellen) vermischen. In die Eimasse rühren.

4 Die Vertiefungen der Form zu 2/3 ihrer Höhe mit Teig füllen. Das restliche Müsli darüber streuen. Die Muffins 15 bis 20 Minuten backen.

5 Form aus dem Backofen nehmen, 5 bis 10 Minuten abkühlen lassen. Die Muffins herausheben. Mit erwärmter Konfitüre bestreichen.

Für Schleckermäuler

Nutellamuffins

3 Eier
180 g Butter oder Margarine
180 g Zucker
1/2 Päckchen Vanillezucker
150 g Mehl
1 1/2 TL Backpulver
30 g Speisestärke
Für die Füllung:
12 TL Nutella
Für die Form:
etwas Butter oder Margarine

15 Minuten
20 Minuten Backzeit

1 Muffinform ausfetten, kühl stellen. Backofen auf 200 °C (Umluft 180 °C, Gas Stufe 3–4) vorheizen.

2 Eier schaumig schlagen. Mit Butter oder Margarine, Zucker und Vanillezucker glatt rühren. Mehl, Backpulver und Speisestärke auf die Eimasse sieben und unterrühren.

3 In die Vertiefungen der Form je 1 Esslöffel Teig füllen, 1 Teelöffel Nutella darauf setzen und mit 1/2 Esslöffel Teig abschließen.

4 Die Muffins 15 bis 20 Minuten backen, dann 5 bis 10 Minuten abkühlen lassen und herausheben.

Müsli ist nicht nur fürs Frühstück gut. Mit Getreideflocken kann man vorzügliche Muffins backen.

Mit Schüss

Möhren-Kirsch-Muffins

Diese Muffins verlangen nach würzigen Kirschen. Um das Aroma des Kirschlikörs voll aufnehmen zu können, werden die Früchte einen Tag vor der eigentlichen Zubereitung mit dem guten Tropfen mariniert.

1/2 Glas Sauerkirschen (200 g)
1/8 l Kirschlikör
150 g Möhren
3 Eier
125 g Zucker
1 Päckchen Vanillezucker
1/2 TL gemahlener Zimt
4 EL Mehl
1 1/2 TL Backpulver
1 Prise Salz
150 g gemahlene Mandeln
Für die Garnitur:
100 g Schlagsahne
1 Päckchen Sahnesteif
50 g Mandelblättchen
Für die Form:
etwas Butter oder Margarine

25 Minuten
20 Minuten Backzeit

1 Die Kirschen abtropfen lassen und über Nacht in dem Kirschlikör marinieren.

2 Die Muffinform ausfetten und in den Kühlschrank stellen. Backofen auf 200 °C (Umluft 180 °C, Gas Stufe 3–4) vorheizen.

3 Die Möhren waschen, putzen und fein raspeln.

4 Die Eier in einer Schüssel schaumig schlagen. Zucker, Vanillezucker und Zimt einrühren. Möhrenraspeln unterheben.

5 Mehl und Backpulver vermischen und in eine Schüssel sieben. Mit Salz und Mandeln vermischen. Unter die Eimasse heben.

6 Die Vertiefungen der Form zu 2/3 ihrer Höhe mit Teig füllen. Die Muffins 15 bis 20 Minuten backen.

7 Die Form aus dem Backofen nehmen, 5 bis 10 Minuten abkühlen lassen. Die Muffins herausheben.

8 Für die Garnitur die Sahne mit dem Sahnesteif schlagen. In einen Spritzbeutel mit Sterntülle Nr. 4 füllen und große Rosetten auf die Muffins spritzen. Mit Mandelblättchen garnieren.

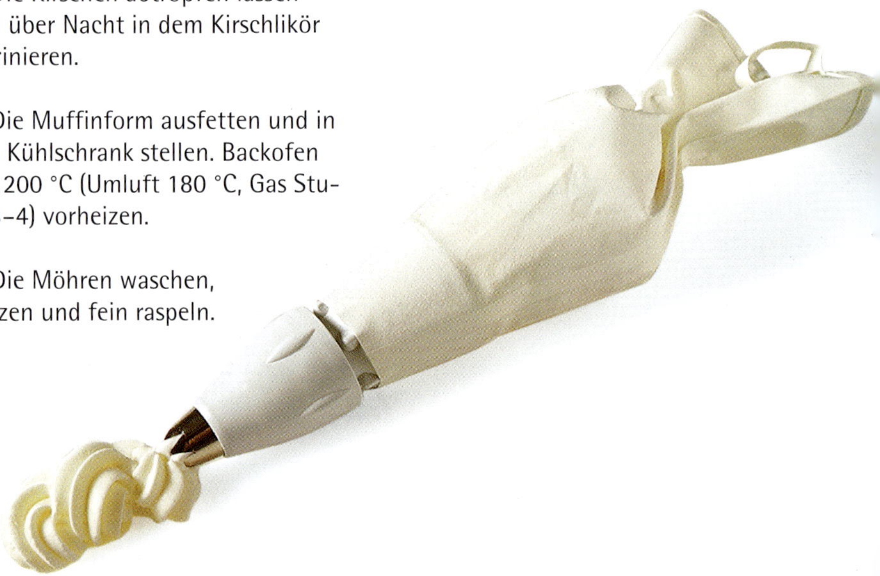

Wer schöne Garnituren zaubern möchte, der kommt um einen Spritzbeutel nicht herum. Die dazugehörigen Tüllen gibt es als Stern- und Lochformen unterschiedlicher Größen.

Für Kindergeburtstage

Mohrenkopfmuffins

3 Eier
140 g Butter oder Margarine
140 g Zucker
1/2 Päckchen Vanillezucker
140 g Mehl
1 1/2 TL Backpulver
2 EL Kakao
1 Prise Salz
2 EL Schokoladenraspeln
Für die Garnitur:
140 g Aprikosenkonfitüre
2 EL Aprikosenlikör
100 g Halbbitterkuvertüre
40 g Butter oder Margarine
2 EL Zucker
einige Smarties
Für die Form:
etwas Butter oder Margarine

25 Minuten
20 Minuten Backzeit

1 Die Muffinform ausfetten und in den Kühlschrank stellen. Backofen auf 200 °C (Umluft 180 °C, Gas Stufe 3–4) vorheizen.

2 Eier schaumig schlagen. Butter oder Margarine, Zucker und Vanillezucker cremig einrühren.

3 Mehl, Backpulver und Kakao sieben, mit Salz und Schokoladenraspeln mischen. Unter die Eimasse heben.

4 Die Vertiefungen der Form zu 2/3 ihrer Höhe mit Teig füllen. Die Muffins 15 bis 20 Minuten backen. Die Form aus dem Backofen nehmen, 5 bis 10 Minuten abkühlen lassen. Die Muffins herausheben.

5 Konfitüre erwärmen und mit dem Likör verrühren. Damit die obere Hälfte der Muffins bestreichen und die Muffins auf einem Kuchengitter abkühlen lassen.

6 Kuvertüre im Wasserbad schmelzen, Butter oder Margarine und Zucker einrühren. Unter Rühren abkühlen lassen, bis tiefe Spuren sichtbar bleiben.

7 Die obere Hälfte der Muffins in die Schokoladenglasur eintauchen und mit Smarties garnieren.

Aprikosenlikör und -konfitüre sind beliebte Backzutaten. Die Konfitüre wird im erwärmten und dadurch flüssigen Zustand auch Aprikotur genannt und dient als abdichtende Unterlage für Glasuren.

Tipp der Bäckerin

Die Mohrenkopfmuffins sind bei Kindern sehr beliebt. Überlassen Sie Ihren Kleinen die Dekoration der Muffins – Sie werden sehen, dass die Kinder die Muffins dann umso lieber essen. Geben Sie die Gebäckstücke auch mal mit in den Kindergarten oder die Schule.

Für Schleckermäuler

Schwarzwälder-Kirsch-Muffins

Die Kombination von Kirschen, Kirschwasser, Kakaopulver und Sahne ist von der Torte bekannt, die als Namensgeberin für diese Gebäckstücke steht. Mit dem Unterschied, dass die Muffins viel schneller zubereitet sind.

1/2 Glas Sauerkirschen (200 g)
3 Eier
160 g Butter oder Margarine
120 g Zucker
100 g Mehl
2 TL Backpulver
60 g Speisestärke
25 g Kakao
Für die Garnitur:
1 Päckchen Schokoladenglasur
4 EL Kirschwasser
250 g Schlagsahne
1 Päckchen Sahnesteif
1 Päckchen Vanillezucker
Für die Form:
etwas Butter oder Margarine

30 Minuten
20 Minuten Backzeit

1 Muffinform ausfetten, kühl stellen. Backofen auf 200 °C (Umluft 180 °C, Gas Stufe 3–4) vorheizen.

2 Die Kirschen abtropfen lassen und 12 Stück beiseite stellen.

3 Eier schaumig schlagen. Fett und Zucker einrühren.

4 Mehl, Backpulver, Speisestärke und Kakao auf die Eimasse sieben und unterrühren. Die abgetropften Kirschen unterheben.

5 Die Vertiefungen der Form zu 2/3 ihrer Höhe mit Teig füllen. Die Muffins 20 bis 25 Minuten backen. Die Form aus dem Backofen nehmen, 3 bis 4 Minuten abkühlen lassen. Die Muffins herausheben.

6 Schokoladenglasur im Wasserbad schmelzen. Die Muffins mit Kirschwasser beträufeln und die Hälfte der Schokoladenglasur in dünnen Fäden über die Muffins ziehen.

7 Sahne, Sahnesteif und Vanillezucker steif schlagen. In einen Spritzbeutel füllen und auf die Muffins spritzen. Die restliche Glasur in dünnen Fäden über die Sahne ziehen. Je eine Kirsche aufsetzen.

Wenn es schnell gehen muss

Buchweizenmuffins

- 2 Eier
- 100 g Butter oder Margarine
- 100 g Zucker
- 100 g Buchweizenmehl
- 1/2 TL Backpulver
- 100 g gemahlene Mandeln
- 1 Päckchen Citro-Back
- Butter oder Margarine für die Form

10 Minuten
20 Minuten Backzeit

1 Die Muffinform ausfetten und in den Kühlschrank stellen. Den Backofen auf 200 °C (Umluft 180 °C, Gas Stufe 3–4) vorheizen.

2 Eier schaumig schlagen. Mit Butter oder Margarine und Zucker cremig rühren.

3 Mehl und Backpulver sieben, mit Mandeln und Citro-Back vermischen. Unter die Eimasse heben und glatt rühren.

4 Die Vertiefungen der Form zu 2/3 ihrer Höhe mit Teig füllen. Die Muffins 15 bis 20 Minuten backen. Die Form herausnehmen, 5 bis 10 Minuten abkühlen lassen. Die Muffins herausheben.

Für den Nachmittagskaffee sind die Schwarzwälder-Kirsch-Muffins geradezu ideal.

Tipp der Bäckerin

Die Sektmuffins bekommen ein besonders intensives Aroma, wenn Sie anstelle von löslichem Kaffee lösliches Espressopulver verwenden.

Sekt als Backzutat ist eher ungewöhnlich, doch durchaus einen Versuch wert, als solche ausprobiert zu werden.

Für Gäste

Sektmuffins

- 150 g Mehl
- 1/2 Päckchen Backpulver
- 10 g Kakao
- 100 g gemahlene Haselnüsse
- 50 g Schokoladenraspeln
- 1 1/2 TL lösliches Kaffeepulver
- 2 Eier
- 150 g Butter oder Margarine
- 150 g Zucker
- 1 Päckchen Vanillezucker
- 1/2 Flasche Piccolo-Sekt
- 150 g Schokoladenglasur

Für die Form:

- etwas Butter oder Margarine

20 Minuten
20 Minuten Backzeit

1 Muffinform ausfetten, kühl stellen. Backofen auf 200 °C (Umluft 180 °C, Gas Stufe 3–4) vorheizen.

2 Mehl, Backpulver und Kakao sieben, mit Nüssen, Schokolade und Kaffee vermischen. Eier schaumig schlagen. Mit Fett, Zucker und Vanillezucker zu einem glatten Teig verrühren. Sekt einrühren.

3 Die Vertiefungen der Form zu 2/3 ihrer Höhe mit Teig füllen. Die Muffins 15 bis 20 Minuten backen. Glasur schmelzen, Muffins eintauchen.

Raffiniert

Rotweinmuffins

- 175 g Mehl
- 1/2 Päckchen Backpulver
- 1 TL Kakao
- 1 TL gemahlener Zimt
- 50 g Schokoladenraspeln
- 2 Eier
- 125 g Butter oder Margarine
- 125 g Zucker
- 1 Tasse Rotwein

Außerdem:

- Butter oder Margarine für die Form
- 100 g Puderzucker
- 2 EL Zitronensaft
- 2 EL Rotwein

10 Minuten
25 Minuten Backzeit

1 Die Muffinform ausfetten und in den Kühlschrank stellen. Backofen auf 200 °C (Umluft 180 °C, Gas Stufe 3–4) vorheizen.

2 Mehl, Backpulver und Kakao sieben, mit Zimt und Schokoladenraspeln mischen. Eier schaumig schlagen. Mit Butter oder Margarine und Zucker glatt rühren. Mehlmischung unterheben. Wein unterrühren.

3 Die Vertiefungen der Form zu 2/3 ihrer Höhe mit Teig füllen. Die Muffins 20 bis 25 Minuten backen, 10 Minuten abkühlen lassen.

4 Puderzucker mit Zitronensaft und Rotwein verrühren und die Muffins damit bestreichen.

Für gesellige Stunden

Eierlikör-Schoko-Muffins

- 2 Eier
- 125 g Butter oder Margarine
- 125 g Zucker
- 125 g Mehl
- 1/2 Päckchen Backpulver
- 1/8 l Eierlikör
- 1 EL Schokoladenraspeln
- 75 g Zartbitterkuvertüre
- 25 g weiße Kuvertüre

Für die Form:

- etwas Butter oder Margarine

25 Minuten
20 Minuten Backzeit

1 Muffinform ausfetten, kühl stellen. Backofen auf 200 °C (Umluft 180 °C, Gas Stufe 3–4) vorheizen.

2 Eier schaumig schlagen. Mit Fett und Zucker glatt rühren. Mehl und Backpulver darauf sieben und unterrühren. Eierlikör und Schokoladenraspeln unterrühren.

3 Die Vertiefungen der Form zu 2/3 ihrer Höhe mit Teig füllen. Die Muffins 15 bis 20 Minuten backen.

4 Die Kuvertüren getrennt voneinander schmelzen. Muffins dunkel überziehen, etwas antrocknen lassen, mit weißer Kuvertüre garnieren.

Schokomuffins mit einem Schuss Eierlikör schmecken auch noch zu später Stunde.

Tipp der Bäckerin

Bestreichen Sie die Kaffee-Schoko-Muffins vor dem Servieren mit geschmolzener Butter oder Margarine, und streuen Sie die gehackten und gemahlenen Mandeln darüber.

Kaffee-Schoko-Muffins bestechen durch ihren kräftigen Geschmack und die knusprigen, gehackten Mandeln.

Fürs Kaffeekränzchen

Kaffee-Schoko-Muffins

2 TL lösliches Kaffeepulver
150 g Mehl, 1 TL Backpulver
abgeriebene Schale von
1/2 unbehandelten Zitrone
30 g Kakao
50 g Schokoladenraspeln
50 g ganze, geschälte Mandeln
2 Eier
100 g Butter oder Margarine
180 g Zucker
1/2 Päckchen Vanillezucker
etwas Butter oder Margarine
1 EL gemahlene Mandeln
1 EL gehackte Mandeln

15 Minuten
20 Minuten Backzeit

1 Muffinform ausfetten, kühl stellen. Backofen auf 200 °C (Umluft 180 °C, Gas Stufe 3–4) vorheizen.

2 Kaffeepulver in 6 Esslöffeln heißem Wasser auflösen, abkühlen.

3 Mehl und Backpulver sieben, mit Zitronenschale, Kakao, Schokoladenraspeln und Mandeln mischen.

4 Eier schaumig schlagen. Butter oder Margarine, Zucker, Vanillezucker und Kaffee unterrühren. Mehlmischung unter die Eimasse heben.

5 Die Vertiefungen der Form zu 2/3 ihrer Höhe mit Teig füllen. Die Muffins 15 bis 20 Minuten backen.

Gelingt leicht

Hattendorfer Muffins

1 kleiner Apfel
180 g Mehl
1/2 Päckchen Backpulver
1 EL Kakao
50 g gemahlene Haselnüsse
3 Eier
180 g Butter oder Margarine
180 g Zucker
1 Päckchen Vanillezucker
Für die Form:
etwas Butter oder Margarine

15 Minuten
20 Minuten Backzeit

1 Die Muffinform ausfetten und in den Kühlschrank stellen. Backofen auf 200 °C (Umluft 180 °C, Gas Stufe 3–4) vorheizen.

2 Den Apfel waschen, schälen, entkernen, das Fruchtfleisch klein würfeln. Mehl, Backpulver und Kakao sieben und mit Nüssen und Apfelstücken vermischen.

3 Die Eier mit den Quirlen des Handrührgeräts schaumig schlagen. Mit Butter oder Margarine, Zucker und Vanillezucker glatt rühren. Die Mehlmischung so unter die Eimasse rühren, dass der Teig feucht ist und Klumpen hat.

4 Die Vertiefungen der Form zu 2/3 ihrer Höhe mit Teig füllen. Die Muffins 15 bis 20 Minuten backen. Abkühlen lassen.

Die Kakaomuffins können erst nach dem Backen mit der Creme aus Vanillepudding und Sahne gefüllt werden. Schokoladenfans können die Muffins auch mit Schokoladenpudding füllen.

Für Schleckermäuler

Gefüllte Kakaomuffins

Für die Füllung:
2 EL Vanillepuddingpulver
2 EL Zucker
1/2 l Milch
60 g Schlagsahne
1 TL Sahnesteif
1 EL Blockschokolade
1 EL Rum
Für den Teig:
2 Eier
130 g Butter oder Margarine
130 g Zucker
1 EL Rum
80 g saure Sahne
150 g Mehl
2 TL Backpulver
3 EL Kakao
Außerdem:
Butter oder Margarine für die Form
Puderzucker

25 Minuten
20 Minuten Backzeit

1 Für die Füllung den Vanillepudding am Abend vorher kochen. Dafür Puddingpulver und Zucker mit 4 Esslöffeln Milch anrühren. Die übrige Milch aufkochen. Das angerührte Puddingpulver hineingeben und unter Rühren aufkochen. Den Pudding über Nacht im Kühlschrank erkalten lassen.

2 Form ausfetten und kühl stellen. Den Backofen auf 200 °C (Umluft 180 °C, Gas Stufe 3–4) vorheizen.

3 Eier schaumig schlagen, Butter oder Margarine, Zucker, Rum und saure Sahne glatt rühren. Mehl, Backpulver und Kakao auf die Eimasse sieben und unterrühren.

4 Die Vertiefungen der Form zu 2/3 ihrer Höhe mit Teig füllen. Die Muffins 15 bis 20 Minuten backen.

5 Die Form aus dem Backofen nehmen, 3 bis 4 Minuten abkühlen lassen. Die Muffins herausheben und völlig erkalten lassen. In der Mitte quer durchschneiden und die unteren Hälften etwas aushöhlen.

6 Sahne steif schlagen. Die Blockschokolade grob raspeln. Beides mit Rum und dem ausgehöhlten Teig unter den Vanillepudding rühren. Alles nochmals aufschlagen.

7 Etwas Füllung in die Aushöhlungen geben, die oberen Hälften darauf setzen. Nach Belieben mit Puderzucker bestäuben.

Etwas aufwändig

Brandteig-Beeren-Muffins

90 g Mehl
1/8 l Milch
60 g Butter
1/2 Päckchen Vanillezucker
1 Prise Salz
3 Eier
Für die Füllung:
125 g beliebige Beeren
25 g Puderzucker
1 TL Zitronensaft
200 g Schlagsahne
1 Päckchen Sahnesteif
Außerdem:
Butter oder Margarine für die Form
Papierbackförmchen
Puderzucker zum Bestäuben

40 Minuten
20 Minuten Backzeit

1 Die Muffinform ausfetten und in den Kühlschrank stellen. Den Backofen auf 200 °C (Umluft 180 °C, Gas Stufe 3–4) vorheizen.

2 Das Mehl sieben und griffbereit neben die Kochstelle stellen.

3 Milch, Butter, Vanillezucker und Salz in einem entsprechend großen Topf unter ständigem Rühren aufkochen lassen.

4 Das Mehl auf einen Schlag in die kochende Flüssigkeit schütten, dabei ständig weiterrühren, es darf nicht anbrennen. Bei mittlerer Hitze rühren, bis sich die Masse als Kloß vom Topf löst und der Topfboden mit einer dünnen Teigschicht bedeckt ist.

5 Den Teig in eine Schüssel geben und etwas abkühlen lassen. Ein Ei unterrühren, bis es sich vollständig mit der Masse verbunden hat. Die restlichen Eier nach und nach unterrühren, bis der Teig glänzt.

6 Die Vertiefungen der Form zu 2/3 ihrer Höhe mit Teig füllen. Die Muffins 15 bis 20 Minuten backen.

7 Die Beeren verlesen, waschen und trockentupfen. Mit Puderzucker und Zitronensaft pürieren und durch ein Sieb streichen. Sahne mit Sahnesteif schlagen und das Beerenpüree unterziehen.

8 Die Form aus dem Backofen nehmen, 5 bis 10 Minuten abkühlen lassen. Die Muffins herausheben, quer durchschneiden und erkalten lassen.

9 Die unteren Hälften der Muffins in bunte Papierförmchen setzen. Die Fruchtsahne in einen Spritzbeutel füllen und aufspritzen. Die oberen Hälften als Deckel aufsetzen. Mit Puderzucker bestäuben.

Tipp der Bäckerin

Stellen Sie beim Backen von Brandteig immer eine Tasse Wasser mit in den Backofen, das Backgut trocknet dadurch nicht aus und bleibt saftig.

Brandteig zubereiten

1 Das Mehl auf einmal in die kochende Milch-Butter-Mischung geben und sofort umrühren.
2 So lange bei mittlerer Hitze rühren, bis sich die Teigmasse als Kloß vom Topf löst.
3 Den Topfinhalt in eine Schüssel füllen und die Eier einzeln unterrühren.

Etwas aufwändig

Hefe-Rosinen-Muffins

Achten Sie beim Kauf vom Rosinen und Korinthen darauf, dass sie nach Möglichkeit nicht geschwefelt sind.

250 g Mehl
1 TL Salz
100 ml lauwarme Milch
1 EL lauwarmes Wasser
15 g frische Hefe
45 g Zucker
45 g Butter
1 Ei
80 g Rosinen
1 Eigelb

Außerdem:
etwas Butter für die Form
Zucker und Zimt

40 Minuten
25 Minuten Backzeit

1 Die Muffinform ausfetten und in den Kühlschrank stellen.

Die klassische Kombination von Hefeteig mit Rosinen kommt auch bei Muffins bestens zur Geltung.

2 Das Mehl sieben und mit Salz mischen. Milch und Wasser verrühren und die Hefe darin auflösen. Die Hälfte des Mehls und 1 Teelöffel Zucker in eine Schüssel geben und die angerührte Hefe dazugeben. Zu einem glatten Teig verkneten und 20 Minuten gehen lassen.

3 Sobald der Teig sein Volumen verdoppelt hat, die Butter zerlassen und das Ei darin verrühren. Die Mischung unter den Teig arbeiten und diesen gut durchkneten.

4 Restliches Mehl, restlichen Zucker und Rosinen untermischen. Auf bemehlter Arbeitsfläche in 10 Minuten zu einem glatten Teig kneten.

5 12 Kugeln formen und in die Vertiefungen der Form setzen.

6 Das Eigelb verquirlen und die Teigstücke damit bestreichen. Mit Zucker und Zimt bestreuen.

7 Muffinform in den kalten Backofen stellen und diesen auf 200 °C (Umluft 180 °C, Gas Stufe 3–4) aufheizen. Die Muffins 20 bis 25 Minuten backen.

8 Die Form aus dem Backofen nehmen, 3 bis 4 Minuten abkühlen lassen. Die Muffins herausheben.

Tipp der Bäckerin

Sie können diese Muffins statt mit Rosinen auch mit Mandelstücken backen. Oder, wenn Sie es pur mögen, ohne jeglichen Geschmacksgeber. Die Hefemuffins schmecken gut mit selbst gemachter Marmelade oder Honig.

Braucht etwas Zeit

Süße Briochemuffins

Der französische Name »Brioche« steht für feine, geformte Kuchen. Es ist ein Hefegebäck, das aus zwei unterschiedlich großen Kugeln geformt wird.

1 Würfel Hefe (42 g) oder
2 Päckchen Trockenhefe
1 EL Zucker
8 EL Milch
300 g Mehl
2 Messerspitzen Salz
3 Eier
150 g zimmerwarme Butter
1 Eigelb
Für die Form:
etwas Butter

65 Minuten
20 Minuten Backzeit

1 In einer Schüssel die Hefe und den Zucker in 6 Esslöffeln Milch unter Rühren auflösen. Mehl, Salz, Eier und Butter hinzufügen. Alles mit den Knethaken des Handrührers zu einem geschmeidigen Teig kneten. Zudecken und etwa 40 Minuten gehen lassen.

2 Muffinform ausfetten, kühl stellen. Backofen auf 200 °C (Umluft 180 °C, Gas Stufe 3–4) vorheizen.

3 Den Teig auf einer bemehlten Arbeitsfläche kräftig durchkneten. 12 große und 12 kleine Kugeln formen. Die großen in die Vertiefungen der Form geben und die kleinen darauf setzen.

4 Das Eigelb mit der restlichen Milch verquirlen. Die Muffins damit bestreichen und nochmals 10 Minuten gehen lassen.

5 Die Muffins 15 bis 20 Minuten backen. Die Form aus dem Backofen nehmen, 3 bis 4 Minuten abkühlen lassen. Die Muffins herausheben.

Tipp der Bäckerin

Servieren Sie die frischen Briochemuffins mit Butter und selbst gemachter Marmelade oder Honig. Die Muffins können Sie, in Frischhaltebeuteln verpackt, bis zu einer Woche im Kühlschrank aufbewahren.

Die schöne, glänzende Oberfläche bekommen die Brioche-Muffins, weil sie mit einer Mischung aus verquirltem Ei und Milch bestrichen werden.

Nach dem Aufwachen

Frühstücks-Hefe-Muffins

260 g Mehl
1 Päckchen Trockenhefe
125 g Magerquark
20 g Butter
1 Prise Salz
1/8 l lauwarmes Wasser
3 EL Buchweizenschrot
Für die Form:
etwas Butter oder Margarine

25 Minuten
30 Minuten Backzeit

1 Die Muffinform ausfetten und in den Kühlschrank stellen.

2 In einer Schüssel Mehl und Hefe vermischen. Quark, Butter, Salz, Wasser und Schrot zufügen. Alles mit den Knethaken des Handrührers zu einem glatten Teig kneten.

3 Den Teig etwa 5 Minuten durchkneten. 12 Kugeln formen und in die Vertiefungen der Form setzen. Oberflächen kreuzweise einschneiden.

4 Den Backofen auf 75 °C (Umluft 60 °C, Gas Stufe 1) vorheizen. Die Muffinform in den warmen Backofen stellen und die Teigkugeln etwa 10 Minuten gehen lassen.

5 Die Temperatur auf 200 °C (Umluft 180 °C, Gas Stufe 3–4) hochschalten und die Muffins 25 bis 30 Minuten backen.

6 Die Form aus dem Backofen nehmen, 3 bis 4 Minuten abkühlen lassen. Die Muffins herausheben.

Tipp der Bäckerin

Die Hefemuffins bekommen einen schönen Glanz, wenn sie vor dem Backen mit einer Mischung aus 1 Eigelb und 2 Esslöffeln Milch bestrichen werden. Servieren Sie die Muffins mit Butter und einem guten Honig.

Hefeteig schmeckt am Tag der Herstellung einfach am besten, das trifft auch auf diese Muffins zu.

Hefemuffins zubereiten

1 Die Zutaten für einen Hefeteig rechtzeitig bereitstellen. Sie sollen Zimmertemperatur haben.

2 Der geknetete Teig soll geschmeidig sein. Je länger er geht, desto lockerer werden die Muffins.

3 Bevor die Form in den Backofen kommt, die Oberfläche der Teigkugeln kreuzweise einschneiden.

Tipp der Bäckerin

Servieren Sie zur Weihnachtszeit mal etwas Neues! Diese würzigen Muffins sind schnell und leicht zubereitet und halten sich 1 Woche lang frisch.

Raffiniert

Weihnachtsmuffins

- 200 g entsteinte Trockenpflaumen
- 2 EL Weinbrand oder Milch
- 50 g Korinthen
- 200 g Mehl
- 1/2 Päckchen Backpulver
- 1/2 TL gemahlener Zimt
- 1 Messerspitze Lebkuchengewürz
- 1 Prise Salz, 2 Eier
- 125 g Butter oder Margarine
- 100 g Zucker
- 1 EL dunkler Rübensirup

30 Minuten
20 Minuten Backzeit

1 Pflaumen klein schneiden. Pflaumen mit Weinbrand und 4 Esslöffeln heißem Wasser übergießen. Zugedeckt 10 Minuten ziehen lassen. Korinthen waschen.

2 Form ausfetten, kühl stellen. Backofen auf 200 °C (Umluft 180 °C, Gas Stufe 3–4) vorheizen.

3 Mehl, Backpulver, Gewürze und Salz mischen. Eier schaumig schlagen. Fett, Zucker und Sirup einrühren. Mehlmischung unterheben. Korinthen, Pflaumen und Einweichflüssigkeit unterrühren.

4 Den Teig in die Form füllen und 20 Minuten backen.

Die Weihnachtsmuffins duften herrlich nach Lebkuchen.

Gelingt leicht

Kaffeemuffins

- 3 Eier
- 60 ml neutrales Pflanzenöl
- 200 ml kalter Kaffee
- 125 g Rohrzucker
- 1/2 Päckchen Vanillezucker
- 1 1/2 TL lösliches Kaffeepulver
- 225 g Mehl
- 1/2 Päckchen Backpulver

Für die Glasur:

- 100 g Puderzucker
- 2 TL lösliches Kaffeepulver
- 2 EL Zitronensaft

Für die Form:

- etwas Butter oder Margarine
- Semmelbrösel

15 Minuten
20 Minuten Backzeit

1 Die Muffinform einfetten und mit Semmelbröseln ausstreuen.

2 Die Eier schaumig schlagen. Mit Öl, Kaffee, Zucker, Vanillezucker und Kaffeepulver glatt rühren. Mehl und Backpulver darauf sieben. Alles zu einem feuchten Teig verrühren.

3 Die Vertiefungen der Form zu 2/3 ihrer Höhe mit Teig füllen. Die Muffins 15 bis 20 Minuten backen, Form herausnehmen und die Muffins 10 Minuten abkühlen lassen.

4 Für die Glasur den Puderzucker mit dem Kaffeepulver und dem Zitronensaft verrühren und die Muffins damit bestreichen.

Vollwertig

Selbstverständlich gibt es auch für die Anhänger der Vollwerternährung eine ganze Reihe geeignete Muffins. Diese kleinen Häppchen mit Dinkel, Vollkorn, Quark, Datteln und Nüssen sind als kleine Zwischenmahlzeit allemal besser geeignet als vieles andere, was in den Schulranzen der Kinder steckt. Auch zum Frühstück oder nachmittags zum Kaffee werden diese Muffins ihre Liebhaber finden. Ein Beweis dafür, dass sich guter Geschmack bestens mit den Zutaten aus Bio- und Naturkostläden in Einklang bringen lässt.

Zum Frühstück

Dinkelmuffins

Wer keine Getreidemühle hat, kann sich die Körner auch in Bio- oder Naturkostläden frisch mahlen lassen.

250 g Dinkelkörner
100 g Weizenkörner
1/2 Würfel frische Hefe (21 g)
1/8 l lauwarmes Wasser
1 TL flüssiger Honig
1/2 TL Meersalz
30 g geröstete, salzige Pinienkerne
1 Ei

Für die Form:
etwas Butter

65 Minuten
25 Minuten Backzeit

1 Dinkel- und Weizenkörner in einer Getreidemühle fein mahlen und in einer Schüssel vermischen. In die Mitte eine Mulde formen.

2 Hefe im Wasser auflösen und den Honig einrühren. In die Mulde gießen und mit etwas Mehl zu einem dickflüssigen Teig verrühren. Den Vorteig zugedeckt 15 Minuten gehen lassen.

3 Salz über den Vorteig streuen und alles zu einem glatten Teig verkneten. Bei Bedarf noch etwas Wasser oder Mehl einarbeiten. Weitere 35 Minuten gehen lassen.

4 Die Muffinform ausfetten und in den Kühlschrank stellen.

5 Den Teig erneut durchkneten. Pinienkerne grob hacken und einarbeiten. 12 Kugeln formen, in die Vertiefungen der Muffinform geben. Das Ei verquirlen und die Teigkugeln damit bestreichen.

6 Die Form in den kalten Backofen stellen, diesen auf 200 °C (Umluft 180 °C, Gas Stufe 3–4) aufheizen. Die Muffins 20 bis 25 Minuten backen.

7 Die Form aus dem Backofen nehmen, 3 bis 4 Minuten abkühlen lassen. Die Muffins herausheben.

Tipp der Bäckerin

Servieren Sie die Dinkelmuffins noch warm zum Frühstück mit frischer Butter und selbst gemachter Marmelade oder Honig. Diese kleinen Gebäckstücke lassen sich gut auf Vorrat backen und anschließend einfrieren.

Dinkel ist eng mit Weizen verwandt. Die alte Getreidesorte hat in den letzten Jahren wieder viel an Popularität gewonnen.

Früchtig

Vollwert-Bananen-Muffins

125 g Butter
125 g Honig
2 Eier
100 g gemahlene Haselnüsse oder gemahlene Mandeln
2 Bananen
Mark von 1 Vanilleschote
100 ml Milch
225 g Vollkornmehl
1 1/2 TL Weinsteinbackpulver
etwas Butter für die Form
Für die Glasur:
150 g Butter
1 EL Kakao
2 EL Honig
50 g fein gemahlene Nüsse

15 Minuten
20 Minuten Backzeit

1 Muffinform ausfetten, kühl stellen. Backofen auf 200 °C (Umluft 180 °C, Gas Stufe 3–4) vorheizen.

2 Butter und Honig schaumig schlagen, nach und nach Eier, Nüsse, Bananen, Vanillemark und Milch einrühren. Mehl und Backpulver auf die Eimasse sieben und unterheben.

3 Die Form zu 2/3 ihrer Höhe mit Teig füllen. Die Muffins 20 Minuten backen, etwas abkühlen lassen.

4 Butter schmelzen, Kakao, Honig und Nüsse einrühren und die obere Hälfte der Muffins darin eintauchen.

Gelingt leicht

Vollkornmuffins

140 g Butter
140 g flüssiger Honig
3 Eier
abgeriebene Schale von 1/2 unbehandelten Zitrone
240 g Weizenvollkornmehl
1 1/2 TL Weinsteinbackpulver
Für die Form:
etwas Butter

10 Minuten
20 Minuten Backzeit

1 Die Muffinform ausfetten und in den Kühlschrank stellen. Backofen auf 200 °C (Umluft 180 °C, Gas Stufe 3–4) vorheizen.

2 Die Butter mit den Quirlen des Handrührgeräts schaumig rühren. Honig kräftig unterschlagen. Nach und nach die Eier unterrühren. Die Zitronenschale einarbeiten.

3 Mehl und Backpulver auf die Eimasse sieben, so unterheben, dass der Teig feucht ist und Klumpen hat.

4 Die Vertiefungen der Form zu 2/3 ihrer Höhe mit Teig füllen. Die Muffins 15 bis 20 Minuten backen.

Wenn Vollkornmehl im Rezept angegeben ist, dann kann man sowohl Weizen- als auch Dinkelmehl verwenden.

Tipp der Bäckerin

Weinstein wird aus der Weinsäure der Weintrauben gewonnen. Er dient als Säureträger beim Backpulver. Dabei ermöglicht er bei Erwärmung die Freisetzung von Kohlendioxid aus Backpulver. Dadurch werden die Gebäckstücke luftig-locker. Sie erhalten Weinsteinbackpulver in Naturkostläden und Reformhäusern.

Dinkelgrieß gibt es in Naturkostläden und Reformhäusern. Er wird aus dem vollen Dinkelkorn gewonnen und ist etwas grobkörnig.

Gelingt leicht

Grieß-Haselnuss-Muffins

1/2 Glas Sauerkirschen (200 g)
85 g Butter
100 g Honig
2 EL Buttermilch
1 Prise Salz
2 Eier
150 g Vollkorngrieß
135 g gemahlene Haselnüsse
1 1/2 TL Weinsteinbackpulver
2 EL Haselnussblättchen
Für die Form:
etwas Butter

15 Minuten
20 Minuten Backzeit

1 Die Kirschen abtropfen lassen.

2 Muffinform ausfetten, kühl stellen. Backofen auf 200 °C (Umluft 180 °C, Gas Stufe 3–4) vorheizen.

3 Butter, Honig, Buttermilch und Salz schaumig schlagen. Nach und nach die Eier unterrühren. Grieß, Nüsse und Backpulver mischen und in die Eimasse rühren. Kirschen unter den Teig heben.

4 Die Vertiefungen der Form zu 2/3 ihrer Höhe mit Teig füllen. Die Muffins 15 bis 20 Minuten backen, 10 Minuten abkühlen lassen.

5 Die Haselnussblättchen in einer Pfanne ohne Fett leicht rösten und die noch warmen Muffins damit bestreuen.

Kürbiskerne sind die Samen von großen Ölkürbissen; sie dienen auch als Ausgangsmaterial für das wertvolle Kürbiskernöl.

Zum Frühstück

Kürbiskernmuffins

2 Eier
1 EL Honig
40 g Butter
300 g lauwarmer Joghurt
260 g Maismehl
1 1/2 TL Weinsteinbackpulver
1/2 TL Salz
60 g Kürbiskerne
Für die Form:
etwas Butter

15 Minuten
25 Minuten Backzeit

1 Muffinform ausfetten, kühl stellen. Backofen auf 200 °C (Umluft 180 °C, Gas Stufe 3–4) vorheizen.

2 Die Eier mit den Quirlen des Handrührgeräts schaumig schlagen. Mit Honig, Butter und Joghurt glatt rühren. Mehl und Backpulver auf die Eimasse sieben, salzen und unterrühren.

3 Die Kürbiskerne grob hacken und unter den Teig heben.

4 Die Vertiefungen der Form zu 2/3 ihrer Höhe mit Teig füllen. Die Muffins 20 bis 25 Minuten backen.

Gelingt leicht

Dattelmuffins

- 220 g Datteln
- 125 g Hasel- oder Walnüsse
- 2 Eier
- 2 EL Honig
- 125 g Butter
- 1 Messerspitze Meersalz
- 220 g Weizenvollkorn- oder Dinkelmehl
- 2 TL Weinsteinbackpulver

Für die Form:

- etwas Butter

15 Minuten
25 Minuten Backzeit

1 Die Muffinform ausfetten und in den Kühlschrank stellen. Den Backofen auf 200 °C (Umluft 180 °C, Gas Stufe 3–4) vorheizen.

2 Die Datteln entkernen und das Fruchtfleisch klein hacken. Die Nüsse fein reiben oder mahlen.

3 Die Eier schaumig schlagen. Mit Honig, Butter und Salz glatt rühren. Mehl und Backpulver darauf sieben und unterrühren. Nüsse und Datteln unterheben.

4 Die Vertiefungen der Form zu 2/3 ihrer Höhe mit Teig füllen. Die Muffins 20 bis 25 Minuten backen.

Mit einem Klecks steif geschlagener Sahne schmecken die Dattelmuffins zum Kaffee doppelt so gut.

Raffiniert

Cappuccinomuffins

- 180 g Rosinen
- 125 g Buttermilch
- 1 mittelgroßer Apfel
- 250 g Weizenvollkornmehl
- 1/2 Päckchen Weinsteinbackpulver
- 2 EL Kakao
- 2 TL gemahlener Zimt
- 1 Messerspitze gemahlene Nelken
- je 1 Messerspitze Piment und Kardamom
- 3 Eier
- 100 g Butter
- 180 g Honig
- 200 g steif geschlagene Sahne

20 Minuten
30 Minuten Backzeit

1 Muffinform ausfetten, kühl stellen. Backofen auf 200 °C (Umluft 180 °C, Gas Stufe 3–4) vorheizen.

2 Rosinen in Buttermilch einweichen. Apfelfruchtfleisch fein raspeln. Mehl, Backpulver und Kakao sieben, mit Gewürzen und Apfel vermischen. Eier schaumig schlagen. Mit Butter und Honig cremig rühren. Mehlmischung und Rosinenbuttermilch unterheben.

3 Teig in die Form füllen. Die Muffins 25 bis 30 Minuten backen. Auskühlen lassen und mit Sahne dekorieren.

Tipp der Bäckerin

Garnieren Sie die Cappuccinomuffins mit großen Sahnerosetten. Dafür die Sahne steif schlagen und, in einen Spritzbeutel mit Sterntülle Nr. 4 gefüllt, dekorativ aufbringen. Wer möchte, kann die Muffins noch mit etwas Kakao bestauben.

Schnell zubereitet

Nussmuffins

- 3 Eier
- 150 g Butter
- 150 g Honig
- 1 EL Kakao
- 200 g Weizenvollkornmehl
- 1/2 Päckchen Weinsteinbackpulver
- 100 g geriebene Haselnüsse
- 50 g Rosinen

Für den Guss:

- 150 g Butter
- 1 EL Kakao
- 2 EL Honig
- 50 g fein gemahlene Haselnüsse

Für die Form:

- etwas Butter

20 Minuten
20 Minuten Backzeit

1 Muffinform ausfetten, kühl stellen. Backofen auf 200 °C (Umluft 180 °C, Gas Stufe 3–4) vorheizen.

2 Eier schaumig schlagen. Butter, Honig und Kakao cremig einrühren. Mehl und Backpulver darauf sieben und mit Nüssen und Rosinen unterheben.

3 Die Vertiefungen der Form zu 2/3 ihrer Höhe mit Teig füllen. Die Muffins 15 bis 20 Minuten backen, etwas abkühlen lassen und aus der Form heben.

4 Butter schmelzen. Kakao, Honig und Haselnüsse einrühren. Die Muffins damit bestreichen.

Gefüllt

Mohrenmuffins mit Frischkäse

150 g Frischkäse
1 EL Sahne
1 EL Honig
1 Messerspitze Vanillemark
2 Eier
100 g Honig
100 ml neutrales Pflanzenöl
200 g Buttermilch
2 EL Rum
200 g Dinkelvollkornmehl
2 TL Backpulver
2 EL Kakao
Für die Form:
etwas Butter oder Margarine

20 Minuten
25 Minuten Backzeit

1 Muffinform ausfetten, kühl stellen. Backofen auf 200 °C (Umluft 180 °C, Gas Stufe 3–4) vorheizen.

2 Frischkäse, Sahne, Honig und Vanillemark mit den Quirlen des Handrührgeräts aufschlagen.

3 Eier schaumig schlagen. Honig, Öl, Buttermilch und Rum einrühren. Mehl, Backpulver und Kakao darauf sieben, so unterheben, dass der Teig feucht ist und noch Klumpen hat.

4 Je 1 Esslöffel Teig in die Vertiefungen der Form füllen, 1 Teelöffel Frischkäse darauf geben und mit 1/2 Esslöffel Teig abschließen. Die Muffins 20 bis 25 Minuten backen.

Herzhaft

Dinkel-Kräuter-Muffins

200 g Dinkelmehl
1/2 TL Weinsteinbackpulver
1 Messerspitze Meersalz
Pfeffer aus der Mühle
je 1 Messerspitze getrockneter Thymian, Rosmarin und Basilikum
1/2 TL gehackte Petersilie
30 g geriebener Parmesankäse
2 Eier
50 g Butter, in Flöckchen

50 Minuten
25 Minuten Backzeit

1 Mehl und Backpulver sieben, Salz, Pfeffer, Kräuter und Käse untermischen. In die Mitte eine Mulde drücken, die Eier hineingeben und mit etwas Mehl verrühren. Die Butter darüber geben und alle Zutaten zu einem glatten Teig verkneten. 35 Minuten ruhen lassen.

2 Muffinform ausfetten, kühl stellen. Backofen auf 200 °C (Umluft 180 °C, Gas Stufe 3–4) vorheizen.

3 Aus dem Teig 12 Kugeln formen, in die Form setzen. Die Muffins 20 bis 25 Minuten backen.

Mit seinem kernigen Geschmack harmoniert Dinkelmehl besonders gut mit herzhaften Zutaten. In diesem Fall rundet Parmesankäse das Ganze ab.

Thymian, Rosmarin und Basilikum geben diesem Rezept eine mediterrane Note.

Zum Frühstück

Vollkorn-Quark-Muffins

Diese Muffins sind etwas Besonderes. Die Grundlage bildet ein Hefeteig, dem aber, in Anlehnung an den Quark-Öl-Teig, Magerquark zugegeben wird. Dieser macht den Teig sehr geschmeidig.

1/2 Würfel frische Hefe (21 g)
250 g Weizen- oder Dinkelvollkornmehl
200 g Magerquark
1 Messerspitze Salz
1 Eigelb
2 EL Naturjoghurt
Für die Form:
etwas Butter

90 Minuten
25 Minuten Backzeit

1 Die Muffinform ausfetten und in den Kühlschrank stellen.

2 In eine Schüssel 3 Esslöffel lauwarmes Wasser geben, die Hefe darin auflösen und 15 Minuten gehen lassen.

3 Das Mehl, den Quark, das Salz und etwa 100 Milliliter Wasser zur Hefe geben. Zunächst alle Zutaten mit einer Gabel verrühren und dann mit den Händen zu einem elastischen Teig verkneten. Zu einer Teigkugel formen, diese mit etwas Mehl bestauben und 1 Stunde an einem warmen, zugfreien Ort gehen lassen, bis sich ihr Volumen verdoppelt hat.

Damit der Quark beim Verarbeiten nicht zu feucht ist, empfiehlt es sich, ihn vorher in einem sauberen Baumwolltuch auszudrücken.

4 Den Teig nochmals durchkneten, 12 Kugeln formen und in die Vertiefungen der Form setzen.

5 Das Eigelb mit dem Joghurt verrühren und die Teigkugeln damit bestreichen.

6 Die Form in den kalten Backofen stellen und diesen auf 200 °C (Umluft 180 °C, Gas Stufe 3–4) aufheizen. Die Muffins 20 bis 25 Minuten backen. Um zu prüfen, ob die Muffins gar sind, eine Stäbchenprobe machen. Dafür ein Holzstäbchen in ein Gebäckstück stecken und wieder herausziehen. Die Muffins sind fertig, wenn kein Teig mehr an dem Stäbchen hängen bleibt.

7 Die Form aus dem Backofen nehmen und 3 bis 4 Minuten abkühlen lassen. Die Muffins aus der Form herausheben.

Tipp der Bäckerin

Die Muffins können Sie gut auf Vorrat backen und einfrieren. Zum Auftauen einfach für 10 Minuten in den heißen Backofen geben. Das Einfrieren hat den Vorteil, dass man für diese Frühstücksmuffins nicht zu früh aufstehen muss!

Herzhaft und pikant

Bier, Wein und Sekt vertragen als Beigabe pikante Häppchen. Was liegt also näher, als diese Bastion von Muffins erobern zu lassen? Schinken, Zwiebel, Paprika, Lauch und Kräuter sind nur einige der Zutaten, die hier zum Einsatz kommen. Die frisch gebackenen Muffins sollten noch warm serviert werden. Angereichert mit einem Klecks Butter oder in Kombination mit einem würzigen Dip werden sie schnell ihre Abnehmer finden.

Kleine Snacks

Zwiebel-Schinken-Muffins

Wer den Geschmack von Kümmel mag, der kann allen Muffins mit Zwiebel ein Wenig dieses verdauungsfördernden Gewürzes in den Teig geben.

1 kleine Zwiebel
1 EL neutrales Pflanzenöl
50 g roher Schinken oder Schinkenspeck
150 g Butter oder Margarine
6 EL Milch
1 Ei
100 g geriebener Käse (Gouda oder Emmentaler)
Salz
schwarzer Pfeffer
200 g Mehl
1 Päckchen Backpulver
Für die Form:
etwas Butter oder Margarine

20 Minuten
25 Minuten Backzeit

Das Tränen der Augen beim Zwiebelschneiden lässt sich verhindern, indem man die Knolle nach dem Anschneiden kurz unter kaltes Wasser hält.

1 Die Muffinform ausfetten und in den Kühlschrank stellen. Backofen auf 200 °C (Umluft 180 °C, Gas Stufe 3–4) vorheizen.

2 Die Zwiebel abziehen und fein würfeln. Das Öl in einer Pfanne erhitzen und die Zwiebelwürfel darin unter Rühren anschwitzen.

3 Den Schinken in kleine Würfel schneiden.

4 Butter oder Margarine zerlassen und mit der Milch und dem Ei aufschlagen. 3/4 des Käses, die Zwiebelwürfel und den Schinken unterrühren. Salzen und pfeffern.

5 Mehl und Backpulver auf die Masse sieben, so unterrühren, dass der Teig feucht ist und Klumpen hat.

6 Die Vertiefungen der Form zu 2/3 ihrer Höhe mit Teig füllen und mit dem restlichen Käse bestreuen.

7 Die Muffins 20 bis 25 Minuten backen. Die Form aus dem Backofen nehmen und abkühlen lassen.

Tipp der Bäckerin

Zu allen herzhaften Muffins können Sie Kräuterbutter reichen. Wenn Sie diese frisch zubereiten wollen, dann verrühren Sie 125 Gramm Butter mit dem Saft 1/2 Zitrone, etwas Kräutersalz, Pfeffer und fein gehackten Kräutern wie Kerbel, Petersilie und Schnittlauch. Geben Sie die Butter in ein kleines Schälchen, und streichen Sie die Oberfläche mit einem Messerrücken glatt. Bis zur Verwendung in den Kühlschrank stellen.

Für Vegetarier

Zwiebelmuffins

1 kleine Zwiebel
1 Ei
80 ml neutrales Pflanzenöl
200 g Buttermilch
200 g geriebener Käse (Gouda)
100 g Mehl
100 g Vollkornmehl
2 TL Backpulver
1/2 TL Natron
Für die Form:
etwas Butter oder Margarine

15 Minuten
20 Minuten Backzeit

1 Muffinform ausfetten, kühl stellen. Backofen auf 200 °C (Umluft 180 °C, Gas Stufe 3–4) vorheizen.

2 Die Zwiebel abziehen, fein würfeln. Ei schaumig schlagen. Mit Öl und Buttermilch glatt rühren. Zwiebelwürfel und 3/4 des Käses einarbeiten. Mehl, Vollkornmehl, Backpulver und Natron darauf sieben und so unterheben, dass der Teig feucht ist und Klumpen hat.

3 Die Vertiefungen der Form zu 2/3 ihrer Höhe mit Teig füllen, mit dem restlichen Käse bestreuen. Die Muffins 15 bis 20 Minuten backen, 10 Minuten abkühlen lassen.

Zwiebelmuffins passen noch warm sehr gut zu einem Glas Wein.

Würzig

Lauch-Käse-Muffins

Diese Muffins verlangen nach einem würzigen Käse, beispielsweise altem Gouda oder Emmentaler. Ein milder Käse, etwa ein junger Gouda, käme nicht so gut zur Geltung.

1 kleine dünne Stange Lauch
1 EL neutrales Pflanzenöl
150 g Butter oder Margarine
1 Ei
80 ml Milch
100 g geriebener Käse (Gouda oder Emmentaler)
frisch geriebene Muskatnuss
Salz, schwarzer Pfeffer
120 g Mehl
80 g Vollkornmehl
1 Päckchen Backpulver
Für die Form:
etwas Butter oder Margarine

25 Minuten
20 Minuten Backzeit

1 Muffinform ausfetten und kühl stellen. Den Backofen auf 200 °C (Umluft 180 °C, Gas Stufe 3–4) vorheizen.

2 Lauch putzen, waschen, in kleine Ringe schneiden. Das Öl erhitzen und den Lauch darin 5 Minuten anschwitzen.

3 Butter oder Margarine zerlassen. Ei schaumig schlagen, Fett und Milch einrühren. 3/4 des Käses und den Lauch unterheben. Mit Muskatnuss, Salz und Pfeffer würzen.

4 Mehl, Vollkornmehl und Backpulver auf die Eimasse sieben und so unterrühren, dass der Teig feucht ist und Klumpen hat.

5 Die Vertiefungen der Form zu 2/3 ihrer Höhe mit Teig füllen, mit dem restlichen Käse bestreuen. Die Muffins 15 bis 20 Minuten backen.

6 Die Form aus dem Backofen nehmen, 3 bis 4 Minuten abkühlen lassen. Die Muffins herausheben.

Tipp der Bäckerin

Sie können statt dem Lauch auch 1 mittelgroße Möhre verwenden und erhalten dann Möhren-Käse-Muffins. Zum Würzen nehmen Sie Petersilie, Schnittlauch und Dill. Durch das Vollkornmehl sind die Muffins kerniger als nur aus reinem Auszugsmehl.

Pikant

Paprikamuffins

je 1/2 grüne und rote Paprikaschote
1/2 Chilischote
1 kleine Zwiebel
6 EL neutrales Pflanzenöl
150 g Magerquark
3 EL Milch
1 Ei
1 TL Salz
1/2 TL Zucker
200 g Mehl
1 Päckchen Backpulver
Außerdem:
etwas Butter für die Form
1 Eigelb
1 EL Wasser
1 EL Sesam

20 Minuten
20 Minuten Backzeit

1 Muffinform ausfetten, kühl stellen. Backofen auf 200 °C (Umluft 180 °C, Gas Stufe 3–4) vorheizen.

2 Paprikaschoten und Chilischote waschen, entkernen und klein schneiden. Zwiebel abziehen und fein würfeln. 2 Esslöffel Öl erhitzen und das Gemüse darin etwa 3 Minuten anschwitzen, abkühlen lassen.

3 Quark auspressen und durch ein Sieb streichen. Mit dem restlichen Öl, Milch, Ei, Salz und Zucker verrühren.

4 Mehl und Backpulver sieben und mit dem Gemüse vermengen. Unter die Quarkmasse heben.

5 12 Kugeln formen und in die Form setzen. Eigelb und Wasser verquirlen, die Teigkugeln damit bepinseln. Mit dem Sesam bestreuen.

6 Die Muffins 15 bis 20 Minuten backen. Die Form 3 bis 4 Minuten abkühlen lassen.

Tipp der Bäckerin

Die Schärfe der Chilischoten sitzt in ihren Samen. Je nach Belieben können Sie diese auch mitverwenden.

Der Teig dieser Muffins wird als Quark-Öl-Teig bezeichnet. Er gelingt leicht und ist schnell zubereitet.

Etwas aufwändig

Brandteig-Käse-Muffins

Auf Seite 53 werden die einzelnen Schritte der Zubereitung von Brandteig in kleinen Bildern genau erklärt.

125 g Mehl
1/8 l Milch
80 g Butter
1 Prise Salz
3 Eier
120 g alter Gouda oder Greyerzer
frisch geriebene Muskatnuss
schwarzer Pfeffer
1 EL Mohn oder Sesamsamen
Für die Form:
etwas Butter oder Margarine

25 Minuten
20 Minuten Backzeit

Alter Gouda ist mindestens acht Monate gereift. Sein kräftig würziger Geschmack kommt in diesen Rezepten gut zur Geltung.

1 Die Muffinform ausfetten und in den Kühlschrank stellen. Backofen auf 200 °C (Umluft 180 °C, Gas Stufe 3–4) vorheizen.

2 Mehl sieben, griffbereit stellen. Milch, Butter und Salz unter ständigem Rühren aufkochen lassen.

3 Das Mehl auf einen Schlag in die kochende Flüssigkeit schütten, dabei ständig weiterrühren. Bei mittlerer Hitze rühren, bis sich die Masse als Kloß vom Topf löst und der Topfboden mit einer dünnen Teigschicht bedeckt ist.

4 Den Teig in eine Schüssel geben und etwas abkühlen lassen. Ein Ei unterrühren, bis es sich vollständig mit der Masse verbunden hat. Die restlichen Eier nach und nach unterrühren, bis der Teig weich vom Löffel fällt.

5 Den Käse fein reiben und 2/3 davon unter den Teig rühren. Mit Muskatnuss und Pfeffer würzen.

6 Die Vertiefungen der Form zu 2/3 ihrer Höhe mit Teig füllen. Die Muffins 10 Minuten backen. Die Form kurz herausholen, den restlichen Käse über die Muffins geben, mit Mohn- oder Sesamsamen bestreuen. Weitere 10 Minuten backen.

7 Die Form aus dem Backofen nehmen, 3 bis 4 Minuten abkühlen lassen. Muffins herausheben.

Gelingt leicht

Blätterteig-Schinken-Muffins

1 Packung Tiefkühlblätterteig (6 Platten)
150 g geriebener Käse (Gouda oder Emmentaler)
150 g saure Sahne
1 EL Mehl
2 Eier
frisch geriebene Muskatnuss
Salz, schwarzer Pfeffer
2 Scheiben gekochter Schinken

20 Minuten
35 Minuten Backzeit

1 Den Blätterteig auftauen. Den Backofen auf 200 °C (Umluft 180 °C, Gas Stufe 3–4) vorheizen.

2 Die Hälfte des Käses mit saurer Sahne, Mehl und Eiern verrühren. Pikant würzen. Den Schinken klein würfeln und unterheben.

3 Jede Teigplatte mittig durchschneiden. In jede Vertiefung der Muffinform ein Teigquadrat legen, so dass ein 1 Zentimeter hoher Rand überstehen bleibt. Je 1 Esslöffel Füllung hineingeben, die Teigenden oben zusammenfalten. Den restlichen Käse darüber verteilen. Die Muffins 30 bis 35 Minuten backen.

Muffins aus tiefgekühltem Blätterteig sind schnell zubereitet und gelingen leicht.

Etwas Besonderes

Blätterteig-Pilz-Muffins

- 1 Packung Tiefkühlblätterteig (6 Platten)
- 100 g frische Champignons oder Pfifferlinge
- 1 kleine Zwiebel
- 1 kleine Knoblauchzehe
- 1 EL neutrales Pflanzenöl
- 20 g geriebener Parmesan
- 20 g geriebener Gouda oder Emmentaler
- 100 g saure Sahne
- 1 EL Mehl
- 2 Eier
- 2 EL gehackte Kräuter (Petersilie, Schnittlauch, Koriandergrün)
- frisch geriebene Muskatnuss
- Salz, schwarzer Pfeffer
- 1 Eigelb
- 1 EL Milch

Tiefgekühlten Blätterteig gibt es in gut sortierten Lebensmittelmärkten im Kühlfach. In einer Packung sind jeweils sechs rechteckige Platten abgepackt.

30 Minuten
35 Minuten Backzeit

1 Den Blätterteig auftauen. Den Backofen auf 200 °C (Umluft 180 °C, Gas Stufe 3–4) vorheizen.

2 Pilze putzen und klein schneiden. Zwiebel und Knoblauch abziehen und klein würfeln. Das Öl in einer Pfanne erhitzen und Pilze, Zwiebel und Knoblauch darin anschwitzen.

3 Käse, Sahne, Mehl, Eier und Kräuter verrühren. Den Pfanneninhalt unterheben und mit Muskatnuss, Salz und Pfeffer würzen.

4 Den Blätterteig in der Mitte durchschneiden, so dass 12 Quadrate entstehen. In jede Vertiefung der Muffinform ein Teigquadrat legen, so dass ein 1 Zentimeter hoher Rand überstehen bleibt.

5 Je 1 Esslöffel Füllung hineingeben und die Teigenden oben zusammenfalten. Das Eigelb mit der Milch verrühren und die Teigtaschen damit bestreichen.

6 Die Muffins 30 bis 35 Minuten backen. Die Form aus dem Backofen nehmen, 2 bis 3 Minuten abkühlen lassen. Die Muffins herausheben. Noch warm serviert, schmecken sie am besten.

Tipp der Bäckerin

Solch feine Muffins lassen sich auch mit einer bunten Mischung verschiedener Gemüsearten zubereiten. Neben den Pilzen können Sie auch Möhren, Zucchini und Erbsen verwenden. Das Gemüse vorher etwa 10 Minuten in wenig Brühe dünsten.

Braucht etwas Zeit

Quark-Butter-Muffins

140 g Mehl
140 g Butter oder Margarine
140 g Magerquark
1 Prise Salz
1/2 TL gemahlener Safran
Für die Füllung:
1 dünne Stange Lauch
15 g Butter oder Margarine
schwarzer Pfeffer
70 g Gorgonzola
2 Eigelbe
1 EL saure Sahne

65 Minuten
25 Minuten Backzeit

1 Mehl sieben, mit Butter oder Margarine, Quark, Salz und Safran zu einem geschmeidigen Teig verkneten. Zugedeckt im Kühlschrank 35 Minuten ruhen lassen.

2 Backofen auf 200 °C (Umluft 180 °C, Gas Stufe 3–4) vorheizen.

3 Lauch putzen, waschen und in dünne Ringe schneiden. Butter oder Margarine erhitzen und den Lauch darin kurz anschwitzen. Pfeffern und etwas abkühlen lassen.

4 Den Käse klein würfeln. Mit den Eigelben und der sauren Sahne vermengen. Den Lauch untermischen.

5 Den Teig auf einer bemehlten Arbeitsfläche 1/2 Zentimeter dick ausrollen, 12 Kreise von 12 Zentimeter Durchmesser ausstechen.

6 Je 1 Esslöffel Füllung in die Mitte geben, die Teigtaler rundherum anheben und wie Tütchen zusammendrücken. In die Vertiefungen der Muffinform geben.

7 Die Muffins 20 bis 25 Minuten backen. Die Form aus dem Backofen nehmen, 3 bis 4 Minuten abkühlen lassen. Die Muffins herausheben.

Tipp der Bäckerin

Servieren Sie diese Muffins als kleinen Snack für zwischendurch oder als Vorspeise. Auch sie schmecken am besten noch ofenfrisch!

Der italienische Blauschimmelkäse Gorgonzola ist von zartem Schmelz. Es gibt sowohl milde als auch würzige Sorten.

So verschieden wie die Zutaten für eine Pizza, sind auch die Möglichkeiten, Pizzamuffins inhaltlich abzuwandeln.

Wie beim Italiener

Pizzamuffins

- 100 ml lauwarme Milch
- 1/2 Würfel frische Hefe (21 g)
- 250 g Mehl
- 1 TL Salz
- 40 g Butter
- 1 Ei
- etwas Pizzagewürz
- 50 g Zwiebel
- 1 EL Olivenöl
- 50 g Salami oder Schinken
- 50 g Champignons
- 50 g geriebener Käse (Gouda oder Emmentaler)

65 Minuten
25 Minuten Backzeit

1 Die Milch und 1 Esslöffel lauwarmes Wasser in einer Schüssel miteinander vermengen und die Hefe darin auflösen.

2 Das Mehl sieben und zusammen mit Salz, Butter, Ei und Pizzagewürz zur Hefe geben. Alles mit den Knethaken des Handrührers zu einem glatten Teig verkneten. Den Teig zugedeckt an einem warmen, zugfreien Ort 35 Minuten gehen lassen.

3 Die Zwiebel abziehen und klein würfeln. Das Öl erhitzen und die Zwiebelwürfel darin anschwitzen. Die Salami bzw. den Schinken in kleine Stücke schneiden. Die Champignons putzen und klein würfeln.

4 Backofen auf 200 °C (Umluft 180 °C, Gas Stufe 3–4) vorheizen.

5 Sobald der Teig sein Volumen verdoppelt hat, die vorbereiteten Zutaten sowie die Hälfte des Käses mit den Knethaken des Handrührers in den Teig einarbeiten.

6 Aus dem Teig 12 Kugeln formen und in die Vertiefungen der Form setzen. Den restlichen Käse gleichmäßig darüber streuen.

7 Die Muffins 20 bis 25 Minuten backen. Die Form aus dem Backofen nehmen, 3 bis 4 Minuten abkühlen lassen. Die Muffins herausheben und noch warm servieren.

Salami gehört zu den beliebtesten Pizzazutaten und gibt den Pizzamuffins einen kräftigen Geschmack.

Etwas aufwändig

Hefe-Zwiebel-Muffins

Hefeteig ist einfach zu machen. Man braucht lediglich etwas Geduld, da man die Zeit abwarten muss, in der die Hefe »gehen« soll. Ob mit frischer oder mit trockener Hefe gearbeitet wird, ist den Muffins nicht anzumerken.

3 EL lauwarme Milch
1/2 Würfel frische Hefe (21 g) oder
1 Päckchen Trockenhefe
300 g Mehl
1 TL Salz
60 g Butter
1 Ei
2 EL kaltgepresstes Olivenöl
schwarzer Pfeffer
je 1 Messerspitze getrockneter Oregano und Thymian
3 mittelgroße Zwiebeln
Für die Form:
etwas Butter

50 Minuten
25 Minuten Backzeit

1 Die Milch und 3 Esslöffel lauwarmes Wasser in einer Schüssel vermengen. Die Hefe darin auflösen und kurz gehen lassen.

2 In der Zwischenzeit das Mehl sieben und zusammen mit dem Salz, der Butter, dem Ei, der Hälfte des Olivenöls und den Gewürzen zur Hefe geben. Alles mit den Knethaken des Handrührers zu einem glatten Teig verarbeiten. Den Teig 30 Minuten an einem warmen, zugfreien Ort gehen lassen.

3 Die Muffinform ausfetten und in den Kühlschrank stellen. Den Backofen auf 200 °C (Umluft 180 °C, Gas Stufe 3–4) vorheizen.

4 Die Zwiebeln abziehen und klein würfeln. Das restliche Öl in einer Pfanne erhitzen und die Zwiebelwürfel darin anschwitzen.

5 Sobald der Teig sein Volumen verdoppelt hat, die Zwiebelwürfel einarbeiten.

6 Aus dem Teig 12 Kugeln formen und in die Vertiefungen der Form geben. Die Muffins 20 bis 25 Minuten backen.

7 Die Form aus dem Backofen nehmen, 3 bis 4 Minuten abkühlen lassen. Die Muffins herausheben.

Tipp der Bäckerin

Sie können statt der Zwiebeln auch 3 Esslöffel frisch gehackte Kräuter verwenden und erhalten dann Hefe-Kräuter-Muffins. Sie benötigen dazu allerdings 350 Gramm Mehl, je 4 Esslöffel Wasser und Milch sowie 80 Gramm Butter oder Margarine. Zu beiden Rezepten passt ein frischer Lachsaufstrich. Dazu 3 Scheiben Lachs pürieren und mit 150 Gramm Sahnefrischkäse cremig aufschlagen. Bis zur Verwendung kühl stellen.

Raffiniert

Muffins mit Käsefüllung

- 250 g Mehl
- 1/2 Päckchen Trockenhefe
- 1 Prise Salz
- 1 Prise Zucker
- 1/8 l lauwarme Milch
- 40 g Briekäse
- 40 g Schafskäse
- 80 g Magerquark
- 10 g Butter oder Margarine
- 1 Ei
- 1 TL gehackte Petersilie

65 Minuten
20 Minuten Backzeit

1 Mehl sieben und mit Hefe, Salz, Zucker und Milch zu einem glatten Teig verkneten. Mit Mehl bestauben und den Teig gehen lassen, bis sich sein Volumen verdoppelt hat.

2 Käse pürieren. Mit Quark, Fett, Ei und Petersilie glatt rühren.

3 Backofen auf 200 °C (Umluft 180 °C, Gas Stufe 3–4) vorheizen.

4 Teig durchkneten. 12 Kugeln formen und in die Vertiefungen der Muffinform setzen. Je eine Mulde hineindrücken, mit 1 Esslöffel Käsemischung füllen. 10 Minuten gehen lassen. 15 bis 20 Minuten backen.

Für die Füllung werden milder Brie und würziger Schafskäse mit Magerquark kombiniert.

Die Geschmack gebenden Zutaten können auch durch andere Produkte ersetzt werden. Das ist das Schöne an Muffins: Man kann auch Reste verarbeiten.

Ob Petersilie, Kerbel oder Schnittlauch – die zu verarbeitenden Kräuter für Champignon-Kräuter-Muffins sollten frisch sein.

Deftig

Champignon-Kräuter-Muffins

100 g frische Champignons
1/2 kleine Zwiebel
50 g durchwachsener Speck
1 EL neutrales Pflanzenöl
150 g Butter oder Margarine
1 Ei
3 EL geriebener Parmesankäse
120 ml Milch
2 EL frisch gehackte Kräuter (Petersilie, Schnittlauch, Kerbel)
frisch geriebene Muskatnuss
Salz, schwarzer Pfeffer
150 g Mehl
1 Päckchen Backpulver
Butter oder Margarine für die Form

25 Minuten
25 Minuten Backzeit

1 Form ausfetten, kühlen. Backofen auf 200 °C (Umluft 180 °C, Gas Stufe 3–4) vorheizen.

2 Champignons putzen, Zwiebel abziehen. Beides und den Speck klein würfeln. Öl erhitzen, alles darin anschwitzen.

3 Fett zerlassen. Ei schaumig schlagen. Käse, Fett, Milch, Speck, Zwiebeln, Pilze, Kräuter und Gewürze unterrühren. Mehl und Backpulver darauf sieben. Alles verrühren.

4 Den Teig in die Form füllen. Muffins 20 bis 25 Minuten backen.

Etwas aufwändig

Schinkenmuffins

1/8 l Milch
1 Würfel frische Hefe (42 g)
1 Prise Zucker
300 g Mehl
1 Ei
130 g Butter
1 TL Salz
frisch gemahlener weißer Pfeffer
frisch geriebene Muskatnuss
130 g gekochter Schinken
20 g Pistazienkerne
1 Eigelb
1 EL Milch

55 Minuten
25 Minuten Backzeit

1 Milch, Hefe und Zucker verrühren. Mehl, Ei und Butter hinzufügen und würzen. Alles mit den Knethaken des Handrührers zu einem geschmeidigen Teig kneten. Den Teig zugedeckt etwa 40 Minuten gehen lassen.

2 Muffinform ausfetten, kühl stellen. Backofen auf 200 °C (Umluft 180 °C, Gas Stufe 3–4) vorheizen.

3 Schinken klein würfeln. Pistazien grob hacken. Teig durchkneten. Schinken und Pistazien einarbeiten.

4 12 Kugeln formen und in die Form setzen. Eigelb mit Milch verquirlen und die Teigkugeln damit bestreichen. Die Muffins 20 bis 25 Minuten backen.

Minis

Zierliche Minimuffins begeistern nicht nur Kinder. Als mundgerechte Portionen haben sie die ideale Größe, um bei Stehempfängen oder Cocktailpartys bequem verzehrt zu werden. Selbst bei einem Kuchenbüfett fallen sie auf, denn oft möchte man ja gar nicht so viel essen. Ob herzhaft oder süß, die Auswahl der Zutaten richtet sich nach dem Anlass. Für den kleinen Hunger zwischendurch sind sie auf jeden Fall genau das Richtige.

Tipp der Bäckerin

Zum Dekorieren der Baileysmuffins rühren Sie 50 Gramm Puderzucker mit 1 Esslöffel Baileys an und tauchen die Oberfläche der Minimuffins hinein.

Mit Schüss

Mini-Baileys-Muffins

1 Ei
40 g Zucker
1/2 TL Vanillezucker
6 EL neutrales Pflanzenöl
60 g Baileys (Sahnewhiskey)
40 g Mehl
1/2 TL Backpulver
Für die Form:
etwas Butter oder Margarine

20 Minuten
20 Minuten Backzeit

1 Die Minimuffinform ausfetten und kühl stellen. Den Backofen auf 200 °C (Umluft 180 °C, Gas Stufe 3–4) vorheizen.

2 Das Ei schaumig schlagen. Mit Zucker, Vanillezucker, Öl und Baileys glatt rühren. Mehl und Backpulver darauf sieben und so unterheben, dass der Teig feucht ist und Klumpen hat.

3 Die Vertiefungen der Form nur gut zur Hälfte füllen. Die Muffins 15 bis 20 Minuten backen.

Eine kleine Versüchüng

Mini-Apfelmus-Muffins

1 EL Haferflocken
2 EL Milch
1 Ei
50 g Rohrzucker
1/2 TL Vanillezucker
4 EL neutrales Pflanzenöl
1 Messerspitze gemahlener Zimt
80 g Apfelmus
30 g Mehl
20 g Vollkornmehl
1/2 TL Backpulver
Für die Form:
etwas Butter oder Margarine

10 Minuten
20 Minuten Backzeit

1 Die Minimuffinform ausfetten und kühl stellen. Den Backofen auf 200 °C (Umluft 180 °C, Gas Stufe 3–4) vorheizen.

2 Die Haferflocken in die Milch rühren und etwas aufquellen lassen.

3 Das Ei in einer Schüssel schaumig schlagen. Zucker, Vanillezucker, Öl und Zimt einrühren. Apfelmus unterheben. Mehle und Backpulver darauf sieben und so unterrühren, dass der Teig feucht ist und Klumpen hat.

4 Die Vertiefungen der Form fast ganz mit Teig füllen.

5 Die Muffins 15 bis 20 Minuten backen. Die Form aus dem Backofen holen.

Klassisch amerikanisch

Mini-Heidelbeer-Joghurt-Muffins

50 g Heidelbeeren
100 g Mehl
1 Ei
50 g weiche Butter oder Margarine
60 g Rohrzucker
1 Prise Salz
100 g Naturjoghurt
1 TL Backpulver
Für die Form:
etwas Butter oder Margarine

15 Minuten
20 Minuten Backzeit

1 Die Minimuffinform ausfetten und kühl stellen. Den Backofen auf 200 °C (Umluft 180 °C, Gas Stufe 3–4) vorheizen.

2 Heidelbeeren waschen und trockentupfen. Früchte in 1/2 Esslöffel Mehl wälzen.

3 Ei schaumig schlagen. Butter oder Margarine schmelzen und mit Zucker, Salz und Joghurt einrühren. Mehl und Backpulver darauf sieben und mit den Früchten unterheben.

4 Die Vertiefungen der Form gut zur Hälfte mit Teig füllen. Die Muffins 15 bis 20 Minuten backen.

Der Sahnewhiskey verleiht den Baileysmuffins ihren unverwechselbaren Geschmack.

Herzhafte Häppchen, die zu jeder Gelegenheit gereicht werden können, ob mit einem Glas Bier oder Wein.

Etwas aufwändig

Mini-Pizza-Muffins

- 160 g Mehl
- 1/2 Würfel frische Hefe (21 g) oder 1/2 Päckchen Trockenhefe
- 1 Prise Salz
- 1/4 grüne Paprikaschote (etwa 30 g)
- 30 g Salami
- 30 g Käse (Gouda oder Emmentaler)
- 1 Messerspitze getrockneter Thymian oder Pizzagewürz
- 1 EL kaltgepresstes Olivenöl

50 Minuten
30 Minuten Backzeit

1 Das Mehl in eine Schüssel sieben und in die Mitte eine Vertiefung drücken. Die Hefe hineinbröckeln und mit 2 Esslöffeln lauwarmem

Wasser verrühren. Den Vorteig zugedeckt 10 Minuten gehen lassen.

2 Das Salz und etwa 50 Milliliter lauwarmes Wasser zum Vorteig geben. Alles zu einem elastischen Teig verkneten. Weitere 20 Minuten gehen lassen.

3 Die Paprika waschen, putzen und das Fruchtfleisch klein würfeln. Die Salami ebenfalls klein würfeln. Den Käse reiben. Sobald sich das Teigvolumen verdoppelt hat, die Zutaten zusammen mit dem Thymian bzw. dem Pizzagewürz unter den Teig kneten.

4 Aus dem Teig 12 kleine Kugeln formen und in die Vertiefungen der Minimuffinform geben. Die Teigkugeln mit Öl bepinseln.

5 Die Form in den kalten Backofen stellen und diesen auf 200 °C (Umluft 180 °C, Gas Stufe 3–4) aufheizen. Die Muffins in 25 bis 30 Minuten goldgelb backen, zwischendurch die Oberfläche einige Male mit Öl bepinseln.

6 Die Form aus dem Backofen nehmen, 3 bis 4 Minuten abkühlen lassen. Die Muffins herausheben.

Tipp der Bäckerin

Schneiden Sie die Muffins in der Mitte quer durch und legen je eine kleine Scheibe Tomate und Mozzarella darauf. Stellen Sie die belegten Muffins auf ein mit Backpapier ausgelegtes Backblech, und schieben Sie sie für 5 bis 6 Minuten zum Überbacken in den vorgeheizten Backofen bei 180 °C (Gas Stufe 2–3, Umluft 160 °C). Die Pizzamuffins sollten noch heiß serviert werden. Sie können wahlweise auch andere Zutaten überbacken.

Gelingt leicht

Mini-Kräuter-Muffins

100 g Mehl
1 TL Backpulver
30 g Weizenflocken
Salz, schwarzer Pfeffer
30 g Butter oder Margarine
3 EL saure Sahne
3 EL frisch gehackte Kräuter (Kresse, Majoran, Zitronenmelisse, Petersilie)
1 Ei
Für die Form:
etwas Butter oder Margarine

20 Minuten
20 Minuten Backzeit

1 Die Minimuffinform ausfetten und kühl stellen. Den Backofen auf 200 °C (Umluft 180 °C, Gas Stufe 3–4) vorheizen.

2 Mehl und Backpulver sieben und mit den Weizenflocken vermischen. Mit Salz und Pfeffer würzen. Butter oder Margarine in Flöckchen auf das Mehl setzen. Sahne und Kräuter untermischen. Den Teig durchkneten.

3 12 Kugeln formen und in die Vertiefungen der Form setzen. Das Ei verquirlen und die Teigkugeln damit bestreichen. Die Muffins 15 bis 20 Minuten backen, 10 Minuten abkühlen lassen.

Wildkräuter eignen sich auch zum Würzen der Mini-Kräuter-Muffins – egal ob Schafgarbe, Brennnessel oder Löwenzahn.

Tipp der Bäckerin

Sie können statt dem Knoblauch auch eine 1/2 kleine Zwiebel verwenden und erhalten so Zwiebelmuffins.

Junger Knoblauch weist einen scharfen Geschmack auf. Ältere Knollen sind milder.

Kleine Knabbereien

Mini-Käse-Knoblauch-Muffins

60 g Butter oder Margarine
3 EL Milch
1 Ei
60 g geriebener Käse (Gouda oder Emmentaler)
1 mittelgroße Knoblauchzehe
frisch geriebene Muskatnuss
Salz, schwarzer Pfeffer
80 g Mehl
2 TL Backpulver

10 Minuten
15 Minuten Backzeit

1 Backofen auf 200 °C (Umluft 180 °C, Gas Stufe 3–4) vorheizen.

2 Butter oder Margarine schmelzen. Mit Milch und Ei in einer Schüssel schaumig schlagen und den Käse unterrühren.

3 Den Knoblauch abziehen, durch eine Knoblauchpresse in die Eimasse drücken und untermischen. Mit Muskatnuss, Salz und Pfeffer würzen. Mehl und Backpulver über die Mischung sieben und einarbeiten.

4 Die Vertiefungen der Minimuffinform zu 2/3 ihrer Höhe mit Teig füllen. Die Muffins 10 bis 15 Minuten backen. Auskühlen lassen.

Für den kleinen Hunger

Mini-Kartoffel-Muffins

100 g mehlig kochende Kartoffeln
1 kleine Knoblauchzehe
1 TL Schnittlauchröllchen, 1 Ei
40 g geriebener, mittelalter Gouda
40 g Mehl
1 Messerspitze getrockneter Majoran
frisch geriebene Muskatnuss
Salz, schwarzer Pfeffer
1 EL neutrales Pflanzenöl
40 g Sonnenblumenkerne

45 Minuten
25 Minuten Backzeit

1 Kartoffeln in etwa 20 Minuten gar kochen, pellen und durch eine Kartoffelpresse drücken.

2 Die Minimuffinform ausfetten und kühl stellen. Den Backofen auf 200 °C (Umluft 180 °C, Gas Stufe 3–4) vorheizen.

3 Den Knoblauch abziehen und fein hacken. Die Kartoffelmasse mit Knoblauch, Schnittlauch, Ei und Käse vermischen. Das Mehl darüber sieben und würzen. Alles schnell zu einem glatten Teig verkneten.

4 12 kleine Kugeln formen und in die Vertiefungen der Form setzen. Mit Öl beträufeln und mit Sonnenblumenkernen bestreuen. Die Muffins 20 bis 25 Minuten backen, 5 Minuten abkühlen lassen.

Rezeptregister

Sachregister

Die Autorin
Gabriele Wahl-Merle ist selbstständige Werbekauffrau und hauptsächlich für die Firma Kaiser Backformen tätig. Dabei hat sie im Lauf der Jahre einen großen Fundus an Rezepten selbst entwickelt. Die große Nachfrage ihrer Kunden und die Prämierungen aus dem Haus Kaiser motivierten sie, ein eigenes Backbuch speziell zum Thema »Muffins« zu schreiben.

Der Fotograf
Karl Newedel arbeitet als Food-Fotograf in München. Dabei profitiert er stark von seiner klassischen Kochausbildung. Bereits mit 23 Jahren war er Küchenchef in einem renommierten Münchner Hotel. 1982 wechselte er in den Bereich der Food-Fotografie, wo er sich zunächst als freischaffender Food-Stylist für Verlage, Werbeagenturen und Filmproduktionen einen Namen gemacht hat. Seit 1996 steht er im eigenen Studio selbst hinter der Kamera.

Dank
Wir bedanken uns bei der Firma Kaiser Backformen für die freundliche Unterstützung.

Bildnachweis
Alle Bilder stammen von Karl Newedel, München, außer Südwest Verlag, München: 22, 26, 35, 38, 72, 90 (Amos Schliack)

Hinweis
Das vorliegende Buch ist sorgfältig erarbeitet worden. Dennoch erfolgen alle Angaben ohne Gewähr. Weder Autorin noch Verlag können für eventuelle Nachteile oder Schäden, die aus den im Buch gemachten praktischen Hinweisen resultieren, eine Haftung übernehmen.

Impressum
Der Südwest Verlag ist ein Unternehmen der Verlagshaus Goethestraße GmbH & Co. KG

2. Auflage 1999

Lektorat: Dr. Ute Paul-Prößler
Projektleitung: Stephanie Wenzel, Martina Solter
Bildredaktion: Sabine Kestler
Food-Fotografie: Karl Newedel
Produktion: Manfred Metzger
Umschlag und Layout: Manuela Hutschenreiter
DTP: Maren Scherer

Printed in Italy

Gedruckt auf chlor- und säurearmem Papier.

ISBN 3-517-07856-5